# EL PODER DEL ESPEJO

Louise Hay

# EL PODER DEL ESPEJO

## 21 DÍAS PARA CAMBIAR TU VIDA

URANO

Argentina – Chile – Colombia – España
Estados Unidos – México – Perú – Uruguay

Título original: *Mirror Work – 21 Days to Heal Your Life*
Editor original: Hay House, Carlsbad, California
Traducción: Alicia Sánchez Millet

1.ª edición Octubre 2016

ISBN: 978-84-7953-957-3
E-ISBN: 978-84-16715-18-3
Depósito legal: B-19.177-2016

Fotocomposición: Ediciones Urano, S.A.U.

Impreso por Rodesa, S.A. – Polígono Industrial San Miguel
Parcelas E7-E8 – 31132 Villatuerta (Navarra)

Impreso en España – *Printed in Spain*

*Para todos aquellos que estén preparados
para experimentar la dicha de la Magia del Espejo.*

# Índice

# Bienvenida

Queridos lectores, bienvenidos a mi curso de 21 días sobre el trabajo del espejo. Este libro se basa en el conocido vídeocurso *Ámate a ti mismo*. En las tres próximas semanas aprenderás a transformar tu vida simplemente mirándote al espejo.

El trabajo del espejo —mirarse fijamente a los ojos y repetir afirmaciones— es el método más eficaz que he descubierto para aprender a amarme a mí misma y ver el mundo como un lugar seguro y amable. Llevo el mismo tiempo enseñando el trabajo del espejo que enseñando las afirmaciones. Simplificando: todo lo que decimos o pensamos es una afirmación. Todas nuestras conversaciones interiores, nuestros diálogos mentales, son cadenas de afirmaciones. Estas afirmaciones son mensajes que mandamos a nuestro subconsciente, cuya finalidad es la de establecer hábitos en nuestra forma de pensar y de actuar. Las afirmaciones positivas plantan pensamientos e ideas curativos que son nuestros pilares para desarrollar autoconfianza y autoestima, y crear paz mental y felicidad interior. Las afirmaciones que tienen más fuerza son las que repites en voz alta cuando estás delante de tu espejo. El espejo refleja los sentimientos que albergas respecto a ti mismo. Te ayuda a reconocer enseguida aquello a lo que opones resistencia y a lo que estás abierto y con lo que fluyes. Te muestra claramente qué pensamientos tendrás que cambiar si quieres felicidad y sentido en tu vida.

Cuanto más avances en el trabajo del espejo, más consciente serás de tus palabras y de tus actos. Aprenderás a cuidarte a un nivel más profundo de lo que lo has estado haciendo hasta ahora. Cuando te suceda algo bueno, mírate al espejo y di: «Gracias. Gracias. ¡Es fantástico! Gracias por hacer esto». Si te sucede algo malo, mírate al espejo y di: «Vale, te quiero. Esto que acaba de suceder también pasará, pero yo te quiero y te querré siempre».

A la mayoría nos cuesta ponernos delante del espejo y enfrentarnos a nosotros mismos, por eso a este proceso lo llamamos el *trabajo* del espejo. Pero a medida que persistimos en esta práctica y nos volvemos menos autocríticos, el trabajo se convierte en el *juego* del espejo. Pronto, el espejo deja de ser un enemigo y se convierte en nuestro compañero, en nuestro mejor amigo.

El trabajo del espejo es uno de los mejores regalos que puedes hacerte a ti mismo. Basta un segundo para decir: «Hola, pequeña/o», «Estás guapa/o» o «¿No te parece divertido?» Es *muy* importante que te envíes pequeños mensajes positivos a lo largo del día. Cuanto más uses el espejo para hacerte cumplidos, darte tu aprobación y apoyarte en los momentos difíciles, más profunda y agradable será tu relación contigo mismo.

Puede que te estés preguntando, ¿por qué un programa de 21 días? ¿Puedo transformar totalmente mi vida en tan sólo tres semanas? Quizá no del todo, pero puedes plantar las semillas. Si eres tenaz en tu trabajo del espejo, estas semillas se convertirán en nuevos hábitos mentales más saludables que te ayudarán a vivir con más alegría y sentido.

Empecemos.

## CÓMO DESCARGAR
## LAS MEDITACIONES DIARIAS

Para cada uno de los 21 días del programa del Trabajo del Espejo hay una meditación guiada. Para acceder a los audios de las meditaciones, entra en:

http://www.amabook.es/poderdelespejo.

# PRIMERA SEMANA

# Ámate a ti mismo

*Es primordial que nos amemos a nosotros mismos.*
*El trabajo del espejo te ayudará a crear la relación*
*más importante de tu vida: la que tienes contigo mismo.*

Al principio puede que el trabajo del espejo te parezca muy fácil o incluso una tontería. Muchas de las cosas que te voy a sugerir que hagas en los próximos 21 días quizá te parezcan demasiado simples la primera vez que las veas como para provocar grandes cambios en tu vida. Sin embargo, he aprendido que las cosas más simples suelen ser las más importantes. Un pequeño cambio en tu forma de pensar puede ocasionar grandes cambios en tu vida.

Cada día abordaremos un tema diferente. Empezaré con algunas reflexiones sobre el tema y luego expondré el Ejercicio del Trabajo del Espejo que me gustaría que practicaras a lo largo del día. Empiezas por la mañana haciendo el ejercicio ante el espejo del cuarto de baño y luego lo repites a lo largo del día, siempre que pases por delante de un espejo o te veas reflejado en alguna parte. También puedes llevar un espejito de bolsillo y utilizarlo para hacer el trabajo del espejo siempre que puedas dedicarle unos minutos.

Igualmente, te recomiendo que escribas un diario en esta etapa del trabajo del espejo. Anota tus pensamientos y sentimientos para ver tus progresos. Cada día te daré un Ejercicio del Diario, donde te sugeriré algunas de las preguntas que puedes plantearte para empezar. Estoy convencida de que todos tenemos un poder en nuestro interior, un yo superior que está conectado con el Poder Universal que nos ama, sustenta y proporciona todo tipo de prosperidad. Escribir un diario te ayudará a conectar con esta fuerza. Descubrirás que en tu interior ya tienes todo lo que necesitas para crecer y cambiar.

Asimismo, cada día te proporcionaré también un Pensamiento del Corazón para reforzar tu trabajo del espejo y una afirmación que te ayudará a poner en práctica el tema del día. Para terminar, te ofreceré una meditación guiada. Te aconsejo que te sientes unos minutos en silencio antes de acostarte y que reflexiones sobre cómo estas ideas pueden facilitarte un poco más la vida y hacer que mejore notablemente. Puedes leer la meditación en el libro o, si lo prefieres, escuchar la versión de audio de la cual ha sido adaptada.

# ARAMARK - ANAHEIM

---

## RODRIGUEZ, SANTOS

000866988

---

**ACTUAL TIME OUT:** 10:14 pm 02/04/2020

---

**Your work schedule for the next 91 days includes the following events:**

---

DAY   DATE POST TIME EVENT

---

## Ejercicio del trabajo del espejo para el día 1

1. Colócate de pie o sentado delante del espejo de tu cuarto de baño.

2. Mírate a los ojos.

3. Respira profundo y repite esta afirmación: *Quiero que me agrades. Deseo sinceramente aprender a amarte. Vamos a intentarlo y a divertirnos mucho haciéndolo.*

4. Respira profundo de nuevo y di: *Estoy aprendiendo a que me agrades de verdad. Estoy aprendiendo a amarte de verdad.*

5. Éste es el primer ejercicio y sé que puede ser un poco difícil, pero te pido que tengas paciencia. Sigue respirando profundo. Mírate a los ojos. Utiliza tu nombre cuando digas: *Estoy dispuesto a aprender a amarte, [Nombre]. Estoy dispuesto a aprender a amarte.*

6. Cada vez que pases por delante de un espejo durante el día o te veas reflejado en alguna parte, te ruego que repitas estas afirmaciones, aunque tengas que hacerlo en silencio.

Al principio, cuando hagas tu trabajo del espejo, puede que repetir estas afirmaciones te parezca una estupidez, que incluso hasta te enfades o llores. No pasa nada, de hecho, hasta es normal. No estás solo. Recuerda que estoy contigo. Yo también he pasado por esto. Y mañana será otro día.

### El poder está dentro de ti: Tu ejercicio del diario para el día 1

1. Cuando hayas terminado tu trabajo con el espejo, escribe lo que has sentido y lo que has observado. ¿Te has enfadado, te ha afectado o te has sentido tonto?

2. A las seis horas de haber terminado tu trabajo matinal con el espejo, vuelve a escribir tus sentimientos y observaciones. A medida que has ido practicando tu trabajo con el espejo formal e informalmente, ¿has empezado a creerte lo que te estabas diciendo?

3. Presta atención a cualquier cambio que hayas detectado en tu conducta o en tus creencias durante el transcurso del día. ¿Te ha resultado más fácil el ejercicio o has seguido encontrándolo difícil después de haberlo hecho varias veces?

4.  Al final del día, antes de acostarte, escribe lo que has aprendido haciendo tu trabajo del espejo.

## Tu pensamiento del corazón para el día 1:
### *Estoy abierto y receptivo*

Si estamos realizando el trabajo del espejo para crear cosas buenas en nuestra vida, pero hay una parte de nosotros que no cree que seamos merecedores de ellas, no nos vamos a creer lo que nos estamos diciendo delante del espejo. Entonces, llegará un momento en que empezaremos a pensar que *el trabajo del espejo no funciona*.

Lo cierto es que la percepción de que el trabajo del espejo no funciona nada tiene que ver con la propia práctica ni con las afirmaciones que repetimos. El problema es que no creemos que nos merezcamos todo lo bueno que nos ofrece la vida.

Si es tu caso, afirma: *estoy abierto y receptivo*.

## Tu meditación para el día 1: Ámate a ti mismo
### *(día 1 de la descarga del audio)*

Todos tenemos la capacidad de amarnos más a nosotros mismos. Todos nos merecemos ser amados. Nos merecemos vivir bien, estar sanos, ser amados, amar y prosperar. El niño que hay en nosotros se merece crecer y convertirse en un maravilloso adulto.

Visualízate rodeado de amor. Visualízate feliz, sano y realizado. Visualiza cómo te gustaría que fuera tu vida con todo detalle. Sabe que te lo mereces.

Ahora, conecta con el amor que hay en tu corazón y permite que empiece a fluir, que inunde tu cuerpo y que salga de ti. Visualiza a las personas que amas sentadas a ambos lados de ti. Deja que tu amor fluya hacia quienes tienes a tu izquierda y envíales pensamientos reconfortantes. Envuélvelas en tu amor, apóyalas y deséales lo mejor. Ahora deja que tu amor fluya hacia las personas que tienes a tu derecha. Envuélvelas en energías curativas, amor, paz y luz. Deja que tu amor fluya por la habitación hasta que te encuentres sentado dentro de un enorme círculo de amor. Siente la circulación del amor saliendo de ti y regresando a ti multiplicado.

El amor es la fuerza curativa más poderosa que existe. Puedes llevar este amor al mundo y compartirlo en silencio con todas las personas que se crucen en tu vida a lo largo del día. Ámate a ti mismo. Amaos los unos a los otros. Ama al planeta con la conciencia de que todos somos uno. ¡Y es cierto!

# Hazte amigo del espejo

*Hoy empezarás a practicar los ejercicios básicos del
espejo, aprenderás a observarte detenidamente
y a trascender tus viejas creencias.*

Sólo es el segundo día del trabajo del espejo y estás empezando a aprender a amarte y a adorarte. Sigue así. Cada día que practiques esta nueva forma de pensar respecto a ti mismo y tu vida te ayudará a eliminar los antiguos mensajes negativos que has estado acarreando durante tanto tiempo. Pronto sonreirás más y te será más fácil mirarte al espejo. Pronto las afirmaciones empezarán a parecerte ciertas.

Ahora, me gustaría que sacaras tu espejito de bolsillo o que fueras al espejo del cuarto de baño. Relájate y respira. Mírate al espejo. Entonces, usando tu nombre, di: «[Nombre], te amo. Te amo de todo corazón».

Repítelo un par de veces más: *Te amo. Te amo de todo corazón. TE AMO. TE AMO de todo corazón.*

¿Cómo te sientes? Puedes ser sincero y decir que te resulta extraño o que es una estupidez. Porque al principio *suena* extraño o absurdo. Quizá te cueste hacerlo. Es normal que te sientas así. Amarte incondicionalmente es algo nuevo para ti. Permítete tener estos sentimientos. Pienses lo que pienses, es un comienzo, un buen punto de partida.

Sé que a muchas personas les cuesta decirse a sí mismas *Te amo*. También sé que puedes hacerlo y me siento muy orgullosa de ti por tu constancia. El trabajo del espejo se volverá más fácil, te lo prometo.

No obstante, si te cuesta mucho decirte *Te amo*, puedes empezar por algo más sencillo. Por ejemplo: *Estoy dispuesto a aprender que me agrades, estoy aprendiendo a amarte.*

Cuando te mires al espejo quiero que te imagines que estás hablando con un niño pequeño. Visualízate siendo ese niño pequeño de guardería. Ahora, usando tu nombre, dile a ese niño interior: *[Nombre], te amo. Te amo de todo corazón.*

Cuanto más practiques el trabajo del espejo, más fácil te resultará. Pero recuerda que te llevará tiempo. Por eso te aconsejo que adquieras la costumbre de realizarlo con frecuencia. Hazlo al levantarte por la mañana. Lleva encima un espejito de bolsillo y practícalo donde sea, de este modo puedes sacarlo a menudo del bolso o del bolsillo y decirte una afirmación cariñosa.

Afirma: *Soy precioso. Soy increíble. Me resulta fácil amarme.*

### Ejercicio del trabajo del espejo para el día 2

1. Colócate de pie o sentado delante del espejo de tu cuarto de baño.

2. Mírate a los ojos.

3. Utiliza tu nombre y repite esta afirmación: *[Nombre], te amo. Te amo de todo corazón.*

4. Dedica unos minutos para repetirlo dos o tres veces más: *Te amo de todo corazón, [nombre].*

5. Repite con frecuencia esta afirmación. Quiero que seas capaz de repetirla al menos 100 veces al día. Sí, lo que has leído bien: 100 veces al día. Sé que parece mucho, pero sinceramente, 100 veces al día no es tan difícil cuando adquieres la práctica.

6. Cada vez que pases por delante de un espejo o te veas reflejado en alguna parte repite esta afirmación: *Te amo de todo corazón, [nombre].*

Si te cuesta decirte *Te amo*, lo más probable es que sea porque te estás juzgando y estás repitiendo antiguos mensajes negativos. No aumentes tu malestar juzgándote por juzgarte. Simplemente relájate y comprométete a repetir la afirmación. Recuerda que te estás comprometiendo con una afirmación que es cierta. Lo cierto es que cuando nos *amamos*, no nos juzgamos.

Es una buena idea tener a mano un pañuelo desechable de papel cuando hacemos el trabajo del espejo, porque este ejercicio puede remover nuestras emociones. Muchas veces saca nuestras emociones más profundas. Lo cierto es que puede que hayamos sido muy poco amables con nosotros mismos. Por este motivo, cuando empezamos a recuperar nuestro aprecio por nosotros mismos, nos damos cuenta de las actitudes negativas que hemos acarreado durante mucho tiempo y eso nos provoca bastante tristeza. Pero de ese modo liberamos la tristeza. Permítete sentir tus emociones y acéptalas. No las juzgues. El trabajo del espejo es para la autoestima y la autoaceptación.

Te animo a que practiques el trabajo del espejo en cuanto te levantes por la mañana. A veces, ése es el momento más difícil del día, porque nos parece que no es cuando tenemos nuestro mejor aspecto. Sin embargo, eso no es más que una apreciación personal y el trabajo del espejo consiste en mirarnos en él sin juzgarnos, y así poder ver quiénes somos realmente.

## El poder está dentro de ti:
## Tu ejercicio del diario para el día 2

La vida es muy simple. Lo que damos es lo que recibimos. Escribe en tu diario las respuestas a las siguientes preguntas:

1.  ¿Qué es lo que quieres que no estás consiguiendo?

2.  Cuando eras pequeño, ¿cuáles eran tus normas sobre el merecimiento? ¿Siempre tenías que ganarte el merecimiento? ¿Te quitaban cosas cuando hacías algo mal?

3.  ¿Sientes que te mereces vivir? ¿Ser feliz? Si no es así, ¿por qué no?

Observa tus emociones al responder a estas preguntas. Anótalas en tu diario.

**Tu pensamiento del corazón para el día 2:**
*Soy merecedor*

A veces nos negamos a esforzarnos en crearnos una buena vida porque creemos que no nos la merecemos. La creencia de que no nos la merecemos puede que se remonte a nuestra más tierna infancia. Puede que estemos aceptando el concepto u opinión de otra persona que nada tiene que ver con nuestra realidad.

Merecer algo no tiene nada que ver con ser bueno. Lo que se interpone en nuestro camino es nuestra falta de voluntad de recibir lo bueno de la vida. Date permiso para aceptar lo bueno, tanto si crees que te lo mereces como si no.

## Tu meditación para el día 2: Un círculo de amor
### *(día 2 de la descarga del audio)*

Visualízate de pie en un espacio donde te sientas muy seguro. Libera tus cargas, sufrimientos y temores. Libera tus viejos patrones y adicciones negativos. Imagina que se van desprendiendo de ti. Visualízate de pie en tu lugar seguro con los brazos abiertos de par en par y diciendo, *Estoy abierto y receptivo*, dispuesto a expresar lo que quieres, no lo que no quieres. Visualízate como una persona realizada, sana, serena y repleta de amor.

En este espacio, siente que estás conectado con otras personas del mundo. Permite que tu amor vaya directo a otros corazones. Cada vez que tu amor se proyecta hacia afuera, ten la certeza de que volverá a ti multiplicado. Envía pensamientos reconfortantes a todo el mundo, consciente de que volverán a ti.

En este planeta podemos vivir en un círculo de odio o en uno de amor y sanación. Yo elijo estar en un círculo de amor. Me doy cuenta de que todos queremos las mismas cosas: serenidad, seguridad y expresar nuestra creatividad de manera que nos sintamos realizados.

Imagina que el mundo se está convirtiendo en un increíble círculo de amor. ¡Y así es!

# DÍA 3

# Controla
# tu monólogo interior

*Hoy vas a aprender más cosas sobre
cómo cambiar los mensajes que te envías a ti mismo,
limpiando pensamientos negativos del pasado
para que puedas vivir el presente.*

Ahora que ya has llegado al tercer día del trabajo del espejo, ¿sientes que has creado un vínculo más estrecho con tu amigo el espejo? Cada día que practicas el trabajo del espejo puede que te enamores de ti mismo un poquito más. Cada día te resulta más fácil repetir las afirmaciones positivas y creértelas.

La mejor forma de amarte a ti mismo es liberarte de todos los mensajes negativos de tu pasado y vivir el presente. Hoy me gustaría que trabajáramos juntos en cambiar lo que yo llamo *el monólogo interior*, es decir, lo que te estás diciendo a ti mismo mentalmente.

Es bastante normal que nos creamos los primeros mensajes que nos transmiten nuestros padres, profesores y otras figuras de autoridad. Probablemente, te dijeron cosas como «Deja de llorar como un bebé», «Nunca limpias tu habitación» y «¿Por qué no te haces la cama?» Hiciste lo que la gente te dijo que hicieras para ganarte su cariño. Cuando eras joven, puede que pensaras que sólo serías una persona aceptable si hacías ciertas cosas. La aceptación y el amor estaban condicionados. No obstante, creo que es importante que te recuerde que la aprobación de los demás se basaba en *sus* ideas sobre lo que valía la pena y eso nada tenía que ver con tu propio mérito.

Estos primeros mensajes alimentan tu monólogo interior. La forma en que nos dirigimos a nosotros mismos internamente es muy importante, porque se convierte en la base de lo que luego expresamos en palabras. Crea la actitud mental subyacente a nuestras acciones y con la que atraemos nuestras experiencias. Si nos menospreciamos, la vida tendrá muy poco valor para nosotros. No obstante, si nos amamos y apreciamos, la vida puede ser maravillosa, un valioso don.

Si eres desgraciado o te sientes vacío, es muy probable que culpes a tus padres —o a los todopoderosos *Ellos*— y que digas que todo es culpa *suya*. Pero si lo haces, seguirás estancado en tu situación, en tus problemas y en tus frustraciones. Echar la culpa a otros no te dará la libertad.

Tus palabras son muy poderosas. Empieza a escuchar detenidamente lo que dices. Si observas que usas palabras negativas o limitadoras, puedes cambiarlas. Si oigo una historia negativa, no voy por ahí contándosela a todo el mundo. Creo que ya se ha extendido demasiado y no la divulgo más. No obstante, si oigo una positiva, ¡se la cuento a todo el mundo!

Cuando estés con otras personas, escucha atentamente lo que están diciendo y cómo lo dicen. Observa si puedes conectar lo que dicen con lo que experimentan en sus vidas. Muchas personas viven en un eterno *debería*. Mi oído está muy sensibilizado a la palabra *debería*. Es como si cada vez que la oyera sonara una campanita. He conocido a personas que la han repetido hasta una docena de veces en un párrafo. Y estas mismas personas se preguntan por qué su vida es tan rígida o por qué no pueden salir de su situación. Quieren tener demasiado control sobre cosas que no pueden controlar. Están ocupadas haciendo daño a otra persona o a sí mismas.

Practica un monólogo interior positivo mientras haces tu trabajo frente al espejo, creando únicamente frases positivas respecto a ti mismo y repitiendo sólo afirmaciones positivas. Si se entromete algún monólogo interior negativo de tu infancia, conviértelo en una afirmación positiva. Por ejemplo, un «¡Nunca haces nada bien!», se puede convertir en la afirmación *Soy una persona capaz y puedo afrontar todo lo que me pase en la vida*. A medida que te vas prestando más atención a ti mismo y a los demás, te vuelves más consciente de lo que dices, de cómo lo dices y por qué lo dices. Ser consciente de esto te servirá para cambiar tu monólogo interior y convertirlo en afirmaciones para alimentar y sanar tu cuerpo y tu mente. ¡Qué maravillosa forma de amarte a ti mismo!

Afirma: *Me libero de todos los mensajes negativos del pasado. Vivo en el presente.*

### Ejercicio del trabajo del espejo para el día 3

1. Colócate de pie o sentado delante del espejo de tu cuarto de baño.

2. Mírate a los ojos.

3. Repite esta afirmación: *Todo lo que me digo a mí mismo, me lo digo con amor.*

4. Sigue repitiendo: *Todo lo que me digo a mí mismo delante de este espejo, me lo digo con amor.*

5. ¿Hay alguna frase que te dijeran cuando eras pequeño que no puedes sacarte de la cabeza? Por ejemplo: «Eres estúpido», «No eres lo bastante bueno» o cualquier otra cosa que recuerdes. Tómate tu tiempo para trabajar con las frases negativas y convertirlas en positivas: *Soy inteligente. Soy más inteligente de lo que pienso. Soy un genio que tiene ideas creativas en abundancia. Soy una persona magnífica. Soy adorable. Merezco que me amen.*

6.  Elije una o dos de estas nuevas afirmaciones positivas y repítelas una y otra vez. Repítelas hasta que te sientas cómodo con ellas.

7.  Cada vez que pases delante de un espejo o te veas reflejado en alguna parte, detente un momento y repite estas maravillosas afirmaciones.

## El poder está dentro de ti:
## Tu ejercicio del diario para el día 3

1.  ¿Has contado alguna historia negativa hoy? Escribe cuántas veces la has repetido y a cuántas personas se la has contado. Ahora escribe algo positivo que puedas contarles a esas mismas personas mañana, que les ayude a sentirse mejor consigo mismas y con las personas que las rodean.

2.  Escribe la palabra *debería*. A continuación, haz una lista de palabras que puedas usar en su lugar. Te sugiero que empieces por la palabra *podría*.

3.  Pega varias de las nuevas afirmaciones positivas que has aprendido hoy en tu espejo para repetirlas cada vez que las veas.

## Tu pensamiento del corazón para el día 3:
### *Siempre puedo elegir*

Muchos tenemos conceptos peculiares respecto a nosotros mismos y muchas normas rígidas sobre cómo deberíamos vivir. Eliminemos para siempre la palabra *debería* de nuestro vocabulario. *Debería* es una palabra que nos esclaviza. Cada vez que la utilizamos los únicos perjudicados somos nosotros. En realidad, es como si estuviéramos diciendo: *no soy bastante bueno*.

¿Qué puedes eliminar ahora de tu lista de *debería*? Sustituye *debería* por *podría*. *Podría* indica que tienes una opción y tener una opción equivale a libertad. Hemos de darnos cuenta de que todo lo que hacemos en la vida es por elección propia. En realidad no *hemos de* hacer nada. *Siempre* podemos elegir.

## Tu meditación para el día 3: Te mereces amor
### *(día 3 de la descarga del audio)*

Siente que el amor te rodea por todas partes. Imagínate como una persona feliz, sana y realizada. Visualiza tu vida tal y como te gustaría que fuera, con todo detalle y convencido de que te lo mereces. Ahora sintoniza con el amor que hay en tu corazón y déjalo fluir, que inunde tu cuerpo de energías curativas. Deja que tu amor fluya por la habitación, que envuelva tu casa, hasta que sientas que te encuentras en un enorme círculo de amor.

Siente la circulación de ese amor que sale de ti y que regresa a ti.

El amor es la fuerza curativa más poderosa que existe. Deja que purifique tu cuerpo. Tú eres amor. ¡Y es cierto!

# Deja atrás tu pasado

*Hoy empiezas a desprenderte de cosas, a dejar*
*de culpabilizar, a perdonar y a seguir adelante.*

¿Cómo te fue ayer? ¿Te parece que estás empezando a aprender a liberarte de algunas de tus heridas del pasado y a sintonizar tu monólogo interior con algunas emisoras más positivas? Estoy muy orgullosa de que te quieras lo suficiente como para seguir estas lecciones todos los días y utilizar el trabajo del espejo para reprogramar las viejas grabaciones que has estado reproduciendo en tu cabeza.

Desde que éramos pequeños, todos los mensajes que hemos recibido, todo lo que hemos dicho, hecho y experimentado ha quedado registrado y almacenado en el archivador que tenemos en lo más profundo de nuestro ser, en nuestras entrañas, en nuestro plexo solar. A mí me gusta imaginar que allí hay pequeños mensajeros y que todos nuestros pensamientos y experiencias grabadas en registros de audio son archivados en los lugares apropiados por estos pequeños personajes.

Muchos acumulamos archivos etiquetados con títulos como «No soy lo bastante bueno», «Nunca lo conseguiré», «No hago nada bien». Estamos enterrados bajo montañas de registros viejos y negativos.

Hoy vamos a darles una sorpresa a esos mensajeros. Vamos a hacer nuestro trabajo del espejo y a enviar mensajes nuevos a ese espacio profundo de nuestro ser: «Estoy dispuesto a dejar ir», «Dejo de culpabilizar», «Estoy preparado para perdonar». Los mensajeros recogerán estos nuevos mensajes y se preguntarán: «Pero, ¿qué es esto? ¿Dónde lo archivamos? Nunca lo habíamos visto antes».

¿Te imaginas lo maravilloso que sería si cada día aprendieras una nueva forma de desapegarte del pasado y crear armonía en tu vida? Mis queridos lectores y lectoras, ya habéis empezado a hacer vuestro trabajo diario del espejo. Cada día estáis limpiando capas y ladrillos del pasado. Cada vez que repetís una afirmación delante del espejo estáis eliminando una capa. ¿Cuáles son las capas de vuestro pasado que os impiden ser felices y sentiros realizados en la vida? ¿Cuáles son los ladrillos que os impiden perdonaros a vosotros y a vuestro pasado?

Creo que nos cuesta identificar estos ladrillos porque, sinceramente, no sabemos qué es aquello de lo que queremos prescindir. Sabemos lo que no está funcionando en nuestra vida y lo que queremos, pero no sabemos qué es lo que nos está reteniendo.

En tu vida todo es un espejo de lo que eres. Del mismo modo que un espejo refleja tu imagen, tus experiencias reflejan tus creencias internas. Literalmente, puedes observar tus experiencias y determinar cuáles son tus creencias. Si observas a las personas que forman parte de tu vida, te darás cuenta de que todas ellas reflejan alguna creencia que tienes respecto a ti mismo. Si en tu trabajo siempre recibes críticas, probablemente es que tú también eres crítico y te has convertido en el padre al que criticabas cuando eras pequeño.

Recuerda: cuando en la vida te sucede algo desagradable, tienes la oportunidad de interiorizarte y preguntarte: ¿De qué forma he contribuido a esta experiencia? ¿Qué hay en mi interior que cree que se merece esto? ¿Cómo puedo cambiar esta creencia? ¿Cómo puedo perdonarme, perdonar mi pasado, aprender a dejar atrás las cosas y seguir mi camino?

Afirma: *Dejo ir mis viejas limitaciones y creencias. Me desapego de ellas y me quedo en paz.*

### Ejercicio del trabajo del espejo para el día 4

1. Colócate de pie delante del espejo de tu cuarto de baño.

2. Inspira profundo y al exhalar deja salir toda la tensión de tu cuerpo.

3. Mírate la frente e imagina que presionas un botón que provoca la expulsión de un disco que contiene todas las antiguas creencias y pensa-

mientos negativos que se han estado reproduciendo en tu cabeza. Levanta la mano e imagina que te sacas ese CD de tu cabeza y lo tiras.

4. Ahora mírate fijamente a los ojos y di: *Vamos a hacer una grabación nueva de creencias y afirmaciones positivas.*

5. Di estas afirmaciones en voz alta: *Estoy dispuesto a dejar ir. Suelto. Dejo ir. Libero toda mi tensión. Libero todo mi miedo. Libero toda mi ira. Libero todo mi sentido de culpa. Libero toda mi tristeza. Libero mis viejas limitaciones y creencias. Libero y me quedo en paz. Estoy en paz conmigo mismo. Estoy en paz con el proceso de la vida. Estoy a salvo.*

6. Repite estas afirmaciones dos o tres veces.

7. Cada vez que te asalte algún pensamiento negativo a lo largo del día, saca tu espejito de bolsillo y repite estas afirmaciones. Familiarízate con ellas, para que su repetición se convierta en tu rutina diaria.

## El poder está dentro de ti:
## Tu ejercicio del diario para el día 4

1. He descubierto que la mayor parte de nuestros problemas en la vida se deben a lo que yo llamo los Cuatro Grandes: Crítica, Miedo, Culpabilidad y Resentimiento. Crea en tu diario cuatro columnas, cada una de ellas estará encabezada por uno de estos Cuatro Grandes. Reflexiona sobre qué papel desempeñan en tu vida. Escribe tus pensamientos y sentimientos sobre cada uno de ellos en su columna correspondiente.

2. Selecciona las dos categorías del punto 1 en las que has escrito más cosas y escribe diez afirmaciones positivas para cada una de ellas. Por ejemplo, si una de las categorías es el Resentimiento, puedes escribir afirmaciones como: *Ahora elijo liberarme de todas mis heridas y mi resentimiento. Cuanto más resentimiento libero, más amor tengo para dar.*

3. Todo lo que forma parte de nuestra vida es una proyección de lo que somos. Piensa en las personas con las que tengas más desavenencias. ¿Cuáles son los aspectos que más te desagradan de ellas? Escríbelos.

4. Observa los aspectos que has enumerado en el punto 3. Escribe de qué forma cada uno de ellos refleja una creencia que tienes respecto a ti mismo. Puede que también te sea útil anotar lo que has aprendido sobre ti al hacer los ejercicios de hoy.

**Tu pensamiento del corazón para el día 4:**
*Puedo dejar ir*

Creamos hábitos y patrones porque nos son útiles. Es alucinante la cantidad de enfermedades que nos creamos para castigar a nuestros padres. Puede que no lo hagamos conscientemente; de hecho, la mayoría de las veces, suele ser así. Pero cuando empezamos a interiorizarnos descubrimos el patrón. Solemos crear negatividad porque no sabemos cómo manejar algún aspecto de nuestra vida. Si éste es tu caso, formúlate estas preguntas: *¿Por qué tengo remordimientos? ¿Con quién estoy enfadado? ¿Qué es lo que estoy intentando evitar? ¿Por qué creo que esto puede salvarme?*

Si todavía no estás preparado para liberarte de algo —deseas realmente conservarlo porque te es útil— no podrás librarte de ello hagas lo que hagas. Sin embargo, cuando estás a punto, es increíble lo fácil que resulta.

## Tu meditación para el día 4: Una nueva década
### *(día 4 de la descarga del audio)*

Siente que se abre una nueva puerta para una década muy sanadora, en la que sanas aquello que no habías entendido en el pasado. Estás en pleno proceso de descubrir todas tus increíbles habilidades. Y estás aprendiendo a conectar con esas partes de ti mismo que tienen las respuestas y que están para guiarte de la mejor manera posible.

Visualiza que esta nueva puerta se abre y que la cruzas para encontrar la sanación de infinidad de maneras, puesto que cada persona la interpreta a su modo. Unas personas tienen problemas físicos que requieren tratamiento, otras necesitan sanar su corazón, mientras que otras necesitan sanar su mente. Hemos de estar abiertos y receptivos a la sanación que necesita cada persona. Abrimos la puerta de par en par al crecimiento personal y la cruzamos sabiendo que no corremos ningún riesgo. ¡Y es cierto!

# Construye
# tu autoestima

*Hoy vas a seguir aprendiendo a amarte*
*a través del respeto, de la gratitud y de reconocer*
*y apreciar el milagro que supone tener un cuerpo,*
*una mente y un alma.*

¿Cómo te has sentido esta mañana cuando te has despertado? ¿Has sonreído cuando te has mirado al espejo y has dicho: *Te amo cariño, te amo de todo corazón*? ¿Te lo estás empezando a creer? Al cabo de tan sólo unos pocos días de estar haciendo el trabajo del espejo, puede que observes que tu vida está empezando a cambiar. Puede que hoy sonrías un poco más. Puede que te sientas mucho mejor cuando te mires al espejo y veas tu bello rostro. Puede que te sientas mejor contigo mismo. ¿Estás empezando a amarte y a aceptar a la persona que ves en el espejo?

El amor es la cura milagrosa. Amarnos a nosotros mismos obra milagros en nuestra vida. Por experiencia sé que sea cual sea el problema, la mejor forma de resolverlo es empezar por amarte a ti mismo.

Amarte a ti mismo conlleva un gran respeto respecto a todo lo que a ti te concierne, interna y externamente. Es sentir una profunda gratitud por el milagro de tu cuerpo, de tu mente y de tu alma. Amarte a ti mismo es sentir un aprecio de tal magnitud que llene tu corazón hasta sentir como si te fuera a explotar, es estar radiante por la dicha de ser TÚ.

Es imposible que llegues a amarte realmente si no te apruebas y te aceptas. ¿Te regañas y te criticas sin parar? ¿Crees que no eres una persona adorable? ¿Eres caótico y desordenado? ¿Atraes a amantes o a personas que te menosprecian? ¿Maltratas tu cuerpo con comidas poco saludables y con pensamientos estresantes?

Si de alguna manera te niegas las cosas buenas, eso es un acto que demuestra que no te amas. Recuerdo una mujer con la que trabajé que llevaba lentillas. Cuando hizo su trabajo del espejo, empezó a liberarse de un antiguo temor de su infancia. En cuestión de días, empezó a quejarse de que le molestaban las lentillas, hasta el extremo de que no podía seguir llevándolas. Cuando se las quitó, miró a su alrededor y se dio cuenta de que veía casi perfectamente. Aun así, se pasó todo el día diciendo: «No me lo puedo creer. No me lo puedo creer». Esa fue su afirmación. Al día siguiente, volvía a llevar lentillas. No se permitía creer que su visión era normal y su creencia se confirmó. El universo le concedió lo que pidió. Ésa es la fuerza de nuestro pensamiento.

¡Piensa en lo perfecto que eras cuando eras un bebé! Los bebés no tienen que hacer nada para ser perfectos; ya lo *son* y actúan como si lo supieran. Saben que son el centro del Universo. No tienen miedo de pedir lo que quieren. Expresan libremente sus emociones. Cuando un bebé está enfadado, lo sabes; de hecho, se entera todo el vecindario. También sabes cuándo es feliz porque su sonrisa ilumina la habitación. Están llenos de amor.

Los bebés se morirían si no recibieran amor. Cuando nos hacemos mayores, aprendemos a vivir sin amor —o al menos lo intentamos—, pero los bebés no pueden soportarlo. Los bebés adoran todas las partes de su cuerpo.

Hubo un tiempo en que fuiste así. *Todos* hemos sido así. Hasta que un día empezamos a escuchar a los adultos que teníamos a nuestro alrededor, que ya habían aprendido a tener miedo y a negar su propia grandeza.

Hoy deja de lado todas las críticas y los monólogos negativos. Deshazte de tu antigua actitud mental, esa que te regaña y que se resiste al cambio. Libérate de las opiniones que tienen otras personas sobre ti. Afirma: *Soy lo bastante bueno. Me merezco que me amen.*

### Ejercicio del trabajo del espejo para el día 5

1. Colócate de pie delante del espejo de tu cuarto de baño.

2. Mírate a los ojos.

3. Repite esta afirmación: *Me amo y me apruebo.*

4. Repítela una y otra vez: *Me amo y me apruebo.*

5. Repítela al menos 100 veces al día. Sí, lo que has leído: 100 veces. Deja que *Me amo y me apruebo* se convierta en tu mantra.

6. Cada vez que pases por delante de un espejo o te veas reflejado en él, repite esta afirmación.

Éste es un ejercicio que he recomendado a centenares de personas durante muchos años. Cuando son constantes, los resultados son fantásticos. Recuerda: el trabajo del espejo no funciona en la teoría, sólo en la práctica. Si lo practicas, notarás el cambio.

Si te asaltan pensamientos negativos como «¿Cómo voy a aprobarme si estoy gordo?», «Es absurdo pensar que puedo pensar de este modo» o «No soy bueno», no te resistas a ellos, no luches, no los juzgues. Déjalos que se queden donde están. Concéntrate en lo que realmente quieres experimentar, que es amor y aprobación. Puedes ir liberando suavemente los pensamientos intrusivos y concentrarte en la afirmación *Me amo y me apruebo.*

Lo que estamos intentando hacer en el trabajo del espejo es regresar a la esencia de quien realmente somos. Queremos experimentar quiénes somos cuando no nos estamos juzgando.

## El poder está dentro de ti:
## Tu ejercicio del diario para el día 5

1. Escribe algunas de las formas en que no te amas o en que expresas que no te consideras merecedor de algo. ¿Criticas tu cuerpo? ¿Te menosprecias con tus palabras?

2. Escribe algunas opiniones negativas que crees que los demás tienen sobre ti. Transforma cada una de estas opiniones en una afirmación positiva. Por ejemplo, puedes cambiar *Mi madre cree que estoy gordo* por *Estoy bien tal como soy.*

3. Haz una lista de todas las razones por las que te amas. Haz otra lista de por qué a las personas les gusta estar contigo.

4. Pon estas listas de cosas positivas donde puedas verlas todos los días.

### Tu pensamiento del corazón para el día 5:
### *Me encanta ser yo*

¿Te imaginas lo maravilloso que sería que pudieras vivir sin que nunca te criticara nadie? ¿No te parece que sería fantástico estar totalmente tranquilo y cómodo? Te levantarías por la mañana sabiendo que ibas a tener un día maravilloso, porque todo el mundo te amaría y nadie te criticaría. Te sentirías de maravilla.

¿Sabes una cosa? Eso puedes concedértelo. Puedes hacer que la experiencia de vivir contigo mismo sea la más maravillosa que se pueda llegar a imaginar. Puedes levantarte por la mañana y sentir la dicha de pasar otro día *contigo*.

### Tu meditación para el día 5: Afirmaciones para la autoestima
### *(día 5 de la descarga del audio)*

*Soy una persona perfectamente adecuada para cualquier situación.*

*Elijo sentirme bien conmigo mismo.*

*Me merezco mi propio amor.*

*Me valgo por mí mismo.*

*Acepto y uso mi propio poder.*

*Me siento seguro hablando en mi propio nombre.*

*Soy amado y aceptado tal como soy, aquí mismo y ahora.*

*Tengo mi autoestima alta porque respeto a mi propia persona.*

*Mi vida cada día se vuelve mejor. Espero con entusiasmo lo que cada hora me depara.*

*No soy ni poco ni mucho, ni he de demostrar nada a nadie.*

*La vida me apoya de todas las maneras posibles.*

*Mi consciencia está llena de pensamientos amorosos, positivos y saludables que se reflejan en mis experiencias.*

*El mayor regalo que me puedo hacer a mí mismo es mi amor incondicional. Me amo tal como soy ahora. No voy a esperar a ser perfecto para amarme.*

# Libera
# a tu crítico interior

*Hoy aprenderás a terminar con el hábito de juzgar*
*y de autocriticarte y a trascender tu necesidad*
*de menospreciarte.*

¡Mírate al espejo y dedica unos instantes a felicitarte! Estás empezando a amarte y a aprobarte o, al menos, estás dispuesto a hacerlo. Sea cual sea la fase del proceso en la que te encuentres, celebra el progreso que has conseguido hasta ahora. Yo te celebro a *ti* y tu compromiso con el trabajo del espejo.

Cuanto más avances en este trabajo, más consciente serás de tu monólogo interior. Si hoy te pidiera que reprodujeras una grabación de tu monólogo interior, ¿cómo sonaría? Oirías afirmaciones negativas como *Soy estúpido, Soy torpe. Nadie me pregunta mi opinión. ¿Por qué hay tantas personas desconsideradas?* ¿Pone tu voz interior pegas constantemente? ¿Eres crítico con el mundo? ¿Lo juzgas todo? ¿Te consideras superior a los demás?

Muchas personas tenemos tan arraigado el hábito de juzgar y de criticar que no es fácil romperlo. Yo solía quejarme constantemente, siempre me estaba compadeciendo de mí misma. Me encantaba estar hundida. No era consciente de que estaba fomentando justamente las situaciones de las que me estaba quejando. En aquellos tiempos no sabía hacerlo mejor.

El trabajo del espejo es muy importante, porque te hace ser muy consciente de tus juicios y de tu monólogo negativo y te permite liberarte de tu crítico interior con bastante rapidez. Nunca podrás amarte hasta que trasciendas tu necesidad de infravalorarte y de echarle la culpa a la vida.

Cuando eras pequeño estabas abierto a la vida. Contemplabas el mundo con asombro. Salvo que algo te diera miedo o alguien te hiciera daño, aceptabas la vida tal como era. Luego, cuando te hiciste mayor, empezaste a aceptar las opiniones de los demás y a integrarlas como si fueran tuyas. Aprendiste a criticar.

Lo que al final me ayudó fue que empecé a escuchar lo que yo misma me estaba diciendo. Me hice consciente de mi crítica interior y trabajé para terminar con mi autocrítica. Empecé a repetir afirmaciones positivas delante del espejo sin estar muy segura de lo que significaban. Las repetía una y otra vez. Empecé por las fáciles: *Me amo. Me apruebo.* Luego fui aumentando el nivel y pasé a: *Mis opiniones son valiosas. Me libero de mi necesidad de criticarme. Me libero de mi necesidad de criticar a otros.*

Al cabo de un tiempo empecé a darme cuenta de que se estaban produciendo cambios positivos. Ahora que estás trabajando para liberarte de tu crítico interior, también empezarás a observar los cambios. Creo que la crítica marchita nuestro espíritu. Refuerza la creencia de *No soy lo bastante bueno*. Es indudable que no saca precisamente lo mejor que hay en nosotros. Pero cuando liberas a tu crítico interior, conectas con tu ser superior.

Recapitulemos: ¿Estás aprendiendo a poner la grabación de las afirmaciones positivas? ¿Estás prestando atención a tus pensamientos y sustituyendo los pensamientos negativos por afirmaciones positivas?

Con el trabajo del espejo serás más consciente de tu voz interior y de lo que te dices a ti mismo. Sólo así podrás liberarte de la necesidad de automachacarte constantemente. Y cuando lo hagas, te darás cuenta de que ya no criticas tanto a los demás.

Cuando aceptas ser tú mismo, automáticamente permites a los demás ser ellos mismos. Los pequeños hábitos no te molestan tanto. Ya no necesitas cambiar a los demás para que sean como tú quieres. Entonces, dejas de juzgar a los demás y los demás dejan de juzgarte a ti. Todo el mundo se libera.

Nuestros sentimientos son pensamientos en acción. No es necesario sentirse culpable ni avergonzarse por ello. Tienen una razón de ser y cuando liberas tu mente y tu cuerpo de pensamientos negativos, creas espacio dentro de ti para pensamientos y experiencias más positivos.

Afirma: *Ahora me siento seguro para liberar a mi crítico interior y seguir avanzando.*

## Ejercicio del trabajo del espejo para el día 6

1. Busca un lugar tranquilo donde te sientas a gusto y nadie te moleste.

2. Mírate al espejo. Mírate fijamente a los ojos. Si sigues sintiéndote incómodo haciendo esto, entonces concéntrate en tu boca o en tu nariz. Habla con tu niño interior. Tu niño interior quiere crecer y florecer, y necesita amor, aceptación y halagos.

3. Ahora repite estas afirmaciones: *Te amo. Te amo y sé que lo estás haciendo lo mejor que puedes. Eres perfecto tal como eres. Te apruebo.*

4. Quizá tengas que hacer este ejercicio varias veces antes de que puedas sentir realmente que tu voz interior es menos crítica. Haz lo que te parezca lo más apropiado.

## El poder está dentro de ti:
## Tu ejercicio del diario para el día 6

1. Enumera cinco cosas por las que te criticas.

2. Revisa la lista y escribe al lado de cada tema la fecha en la que empezaste a criticarte por esa

cosa en particular. Si no puedes recordar la fecha exacta, pon una aproximada.

3.  ¿Te sorprende ver cuánto tiempo llevas machacándote? Este hábito de autocrítica no ha producido ningún cambio positivo, ¿verdad? ¡La crítica no funciona! Sólo te ayuda a sentirte mal. Así que has de estar dispuesto a terminar con esto.

4.  Cambia cada una de las cinco razones de crítica de tu lista por afirmaciones positivas.

5.  Lleva encima esa lista. Cuando te des cuenta de que te estás criticando, saca tu lista de afirmaciones y léelas unas cuantas veces. Mejor aún, léelas en voz alta delante del espejo.

**Tu pensamiento del corazón para el día 6:**
*Me amo y me acepto exactamente tal como soy*

Todos tenemos áreas de nuestra vida en las que nos consideramos inaceptables y detestables. Si estamos realmente enfadados con algunos de esos aspectos podemos llegar a maltratarnos a nosotros mismos. Abusamos del alcohol, las drogas o el tabaco. Comemos en exceso. Nos maltratamos emocionalmente. Una de las peores cosas que podemos hacer, que nos perjudica más que nada, es la autocrítica. Hemos de dejar de criticarnos. Cuando cortamos con la costumbre de autocriticarnos, lo más increíble es que también dejamos de criticar a los demás. Nos damos cuenta de que el resto de las personas son un reflejo de nosotros mismos y que lo que vemos en otro podemos verlo también en nosotros.

Cuando nos quejamos de alguien, en realidad nos estamos quejando de nosotros mismos. Cuando verdaderamente podemos amar y aceptar lo que somos, no hay nada de qué quejarse. No podemos hacernos daño a nosotros mismos ni a otras personas. Prometamos que no vamos a volver a criticarnos por nada.

### Tu meditación para el día 6:
### Somos libres para ser nosotros mismos
### *(día 6 de la descarga del audio)*

Para sentirnos realizados hemos de aceptarnos por completo. Permite que se abra tu corazón y deja espacio de sobra para tus diferentes aspectos: aquellos de los que te sientes orgulloso, los que te avergüenzan, los que rechazas y los que te encantan. Todos juntos forman la persona que eres. Eres maravilloso. Todos lo somos. Cuando tu corazón rebosa de amor hacia ti mismo, puedes compartir muchas cosas con los demás.

Ahora deja que este amor impregne la habitación y que se proyecte a todas las personas que conoces. Sitúa mentalmente a las personas que te importan en el centro del lugar donde te encuentras en estos momentos, para que puedan recibir el amor de tu rebosante corazón.

Ahora visualiza al niño que hay en cada una de ellas bailando, saltando a la comba, gritando, dando volteretas en el aire y haciendo la rueda como hacen los niños, exultantes de felicidad, manifestando lo mejor del niño que llevan dentro. Deja que tu niño interior vaya a jugar con los otros niños. Permítele que baile. Permítele que se sienta seguro y libre. Déjale ser todo lo que siempre ha deseado ser.

Eres perfecto, íntegro y completo, y todo está bien en tu maravilloso mundo. ¡Y así es!

# Ámate a ti mismo: revisión de tu primera semana

*Hoy revisarás hasta dónde has llegado y cuánto has conseguido en la tarea de liberarte de tus viejas creencias y descubrir tus futuras posibilidades.*

¡Felicidades, queridos míos! Habéis superado la primera semana del trabajo del espejo. Me siento muy orgullosa de que sigáis este curso y de que hayáis estado practicando estos siete días.

El trabajo del espejo requiere tiempo y me alegro mucho de que os hayáis concedido la oportunidad de dedicarle estos veintiún días. Cuanto más practiquéis, más fácil os resultará. No pasa nada aunque te parezca un poco absurdo o te resulte incómodo mirarte al espejo. Decirte *Te amo, te amo muchísimo* a ti mismo es lo que al principio nos resulta más difícil a la mayoría de nosotros.

Puede que tardes varias semanas o incluso un mes en sentirte totalmente cómodo cuando te digas estas palabras cariñosas. Pero cuando te cueste menos, observarás los cambios positivos que se producen en tu vida.

En el transcurso de esta semana has invitado a tu espejo a que se convirtiera en tu amigo y tu fiel compañero. Has visto cómo puede ayudarte a ser mucho más consciente de lo que dices y de lo que haces. Has dedicado un tiempo a escuchar tu monólogo interior y a practicar tus afirmaciones positivas.

De nuevo, quiero hacer hincapié en que el trabajo del espejo es un genuino acto de amor, uno de los mejores regalos que puedes hacerte. Cada día que lo practicas, te enamoras un poco más de ti. La mejor manera de amarte a ti mismo es limpiar toda la basura de tu pasado (la autocrítica, las viejas historias que te están frenando) para poder vivir el presente. Hemos adquirido la costumbre de creernos las afirmaciones negativas que hemos oído desde nuestra infancia. Cuando puedas transformarlas en afirmaciones positivas y las practiques delante del espejo, podrás cerrar algunas de las heridas del pasado y avanzar.

Cada día que haces tu trabajo del espejo estás limpiando capas del pasado. Cada vez que repites una afirmación ante el espejo, estás eliminando uno de los ladrillos que forman esas capas. Han tardado años en formarse, están hechas de ladrillos como los que usamos para levantar un muro. Te costará atravesar estas capas, pero puedes hacerlo ladrillo a ladrillo. Cada vez que sacas un ladrillo o una capa puede entrar más luz y amor. Cuando te empiezas a creer las afirmaciones positivas que repites delante del espejo, permites que más cantidad de este maravilloso amor atraviese los muros de tu pasado. No importa cuál sea tu problema, la mejor forma de resolverlo es amándote a ti mismo.

Si de vez en cuando oyes que tu crítico interior está diciéndote algo desagradable o haciendo una observación negativa, es normal. Siempre te queda tu amigo y compañero (tu espejo) al que recurrir. Mírate fijamente a los ojos y di: *Me merezco amarme.* ¡Y sigue con tu excelente trabajo!

Afirma: *Celebro esta semana en la que me he amado a mí mismo gracias al trabajo del espejo. Ahora me adentro en un nuevo espacio de conciencia en el que estoy dispuesto a verme con otros ojos.*

### Ejercicio del trabajo del espejo para el día 7

1. Colócate de pie o sentado delante del espejo de tu cuarto de baño.

2. Mírate a los ojos.

3. Repite estas afirmaciones: *Te amo. Te amo de todo corazón. Estoy muy orgulloso de ti por hacer el trabajo del espejo.*

4. Repite diez veces estas afirmaciones añadiendo tu nombre: *Te amo, [nombre]. Te amo de todo*

*corazón. Te amo, [nombre]. Te amo de todo co-*
*razón. Estoy muy orgulloso de ti por hacer el*
*trabajo del espejo.*

5.  Mírate a la frente e imagina que aprietas un bo-
    tón y expulsas un disco donde están grabadas
    las antiguas creencias y los pensamientos nega-
    tivos que se han estado reproduciendo en tu
    cabeza. Llévate la mano a la cabeza y extrae el
    disco de tu cabeza y tíralo.

6.  Ahora, mírate fijamente a los ojos e imagina que
    estás grabando un CD nuevo con afirmaciones
    positivas: *Estoy dispuesto a dejar ir. Me merezco*
    *que me amen. Soy perfecto tal como soy ahora.*

### El poder está dentro de ti:
### Tu ejercicio del diario para el día 7

1.  Saca tu diario y ábrelo por la página donde tie-
    nes el primer ejercicio que hiciste, el del día 1.

2.  Lee los sentimientos y observaciones que escri-
    biste después de haber hecho el trabajo del es-
    pejo ese día.

3.  En una página nueva, anota tus sentimientos y
    observaciones tras haber finalizado la primera

semana del trabajo del espejo. ¿Te resultan más fáciles los ejercicios? ¿Te sientes más cómodo mirándote al espejo?

4. Escribe con qué aspectos estás teniendo más éxito con esta práctica. Escribe con cuáles tienes más dificultades.

5. Crea nuevas afirmaciones que te ayuden en esas áreas donde tienes bloqueos.

**Tu pensamiento del corazón para el día 7:**
*Todas mis experiencias son correctas para mí*

Desde que nacimos hemos tenido que cruzar muchas puertas. Ese momento supuso traspasar una de las puertas grandes, fue un gran cambio y desde entonces has cruzado muchas otras.

Llegamos a esta vida equipados con todo lo que necesitábamos para vivir a tope y con abundancia. Tenemos toda la sabiduría y el conocimiento que necesitamos, todas las habilidades, talentos y todo el amor. La vida está para apoyarnos y cuidar de nosotros. Hemos de ser conscientes de ello y estar convencidos de que eso es así.

Las puertas siempre se están abriendo y cerrando, y si seguimos centrados en nosotros mismos, siempre estaremos a salvo, sea cual sea la puerta que hayamos de cruzar. Incluso cuando nos toque cruzar la última puerta en este planeta, no será el final. Sino simplemente el principio de una nueva aventura. Confía en que está bien experimentar el cambio.

Hoy es un nuevo día. Tendremos muchas experiencias nuevas y maravillosas. Somos amados. Estamos a salvo.

**Tu meditación para el día 7: Soy Espíritu**
*(día 7 de la descarga del audio)*

Somos los únicos que podemos salvar el mundo. Si nos unimos para hacer un frente común, hallaremos las respuestas. Recordemos siempre que hay una parte de nosotros que es mucho más que nuestro cuerpo, que nuestra personalidad, que nuestro malestar y que nuestro pasado. Hay una parte de nosotros que es más que nuestras relaciones. Nuestra verdadera esencia es Espíritu puro y eterno. Siempre lo ha sido y siempre lo será. Estamos aquí para amarnos a nosotros mismos y amarnos los unos a los otros. Con esta práctica encontraremos las respuestas para curarnos y para curar el planeta.

Estamos viviendo una época extraordinaria. Todo está cambiando. Puede que no lleguemos a conocer la complejidad de los problemas, pero vamos saliendo al paso lo mejor que podemos. Esto también pasará y encontraremos soluciones. Conectamos a nivel espiritual, y en el nivel del Espíritu, todos somos uno. Somos libres. ¡Y así es!

# SEGUNDA SEMANA

# Ama a tu niño interior: primera parte

*Hoy vas a ver a través del adulto que se refleja
en el espejo y a conocer a tu niño interior.*

Hoy es un día muy importante en tu trabajo del espejo. Dame la mano y acerquémonos a tu espejo. Mírate fijamente a los ojos. Ve más allá del adulto que se refleja en el espejo y saluda a tu niño interior.

No importa tu edad; en tu interior hay un niño pequeño que necesita amor y aceptación. Si eres una mujer, por muy autosuficiente que seas, también tienes una niña en tu interior que es muy tierna y que necesita ayuda. Si eres un hombre, por muy autosuficiente que seas, también tienes un niño en tu interior que anhela atención y afecto.

Cuando te miras al espejo, ¿ves a tu niño interior? ¿Es feliz? ¿Qué está intentando decirte ese niño?

En tu interior están todas tus edades: en tu consciencia y en tu memoria. Cuando eras pequeño y algo iba mal, pensabas que era porque había algo en *ti* que no estaba bien. Los niños llegan a la conclusión de que si pudieran hacerlo todo bien, sus padres les amarían y no les castigarían.

Normalmente, nos desconectamos o desintonizamos alrededor de los cinco años. Tomamos esa decisión porque pensamos que somos malos y que no queremos saber nada más de ese niño.

En nuestro interior también hay un padre o una madre. Y en la mayoría de las personas, ese padre o esa madre interiores están regañando a ese niño o niña interior casi continuamente. Si escuchas tu diálogo interior, oirás esas reprimendas. Podrás oír a esa figura de autoridad diciéndote que lo estás haciendo mal o que no eres lo bastante bueno.

Hace mucho tiempo, cuando éramos pequeños, nos declaramos la guerra y empezamos a criticarnos como lo hacían nuestros padres: *Eres estúpido. No eres lo bastante bueno. No haces nada bien.* Estas críticas constantes se convirtieron en un hábito. Ahora que somos adultos, la mayoría ignoramos por completo a nuestro niño interior o lo menospreciamos de la misma manera que lo hicimos en el pasado. Seguimos repitiendo este patrón una y otra vez.

Cada vez que estás asustado, date cuenta de que es tu niño interior el que tiene miedo. El adulto no tiene miedo, sin embargo se ha desconectado y no está presente para ayudar al niño. El adulto y el niño han de entablar una relación.

¿Cómo puedes conectar con tu niño interior? El primer paso es conocer a tu niño interior a través de tu trabajo con el espejo. ¿Quién es ese niño? ¿Por qué es desgraciado? ¿Qué puedes hacer para que se sienta a salvo, seguro y amado?

Coméntale todo lo que haces. Sé que te puede parecer una tontería, pero funciona. Hazle saber a tu niño interior que pase lo que pase, nunca le darás la espalda ni le abandonarás, que siempre estarás con él y que siempre le amarás.

Lo único que desea tu niño interior es que le hagas caso, sentirse seguro y amado. Si puedes dedicar unos minutos al día para conectar con esa personita, tu vida mejorará considerablemente.

Afirma: *Estoy dispuesto a amar y a aceptar a mi niño interior.*

### Ejercicio del trabajo del espejo para el día 8

1. Busca una foto de cuando tenías cinco años. Pégala en el espejo de tu cuarto de baño.

2. Mira la foto durante unos minutos. ¿Qué ves? ¿Ves a un niño feliz? ¿A un niño desdichado?

3. Habla con tu niño interior en el espejo. Puedes mirar la foto o incluso mirarte a los ojos, lo que te resulte más cómodo. Si de pequeño te llamaban con algún apodo o diminutivo, úsalo

para hablar con tu niño interior. Sentarte delante del espejo es muy útil, porque si estás de pie, en cuanto empiezan a salir emociones fuertes, puedes sentir la tentación de marcharte. Así que siéntate, hazte con un paquete de pañuelos desechables y empieza a hablar.

4. Abre tu corazón y comparte tus sentimientos más íntimos.

5. Cuando termines, repite estas afirmaciones: *Te amo, cariño. Estoy aquí por si me necesitas. Estás a salvo.*

### El poder está dentro de ti: Tu ejercicio del diario para el día 8

1. Para esta práctica necesitarás lápices para colorear, colores de cera o rotuladores.

2. Utiliza tu mano no dominante, es decir, aquella con la que no escribes, haz un dibujo de ti mismo de pequeño. ¡Sé creativo!

3. Pega tu dibujo en el espejo del cuarto de baño.

4. Mira el dibujo y empieza a hablar con tu niño interior.

5.  Hazle las siguientes preguntas a tu niño interior y escribe las respuestas en tu diario: *¿Qué es lo que te gusta? ¿Qué es lo que no te gusta? ¿Que es lo que te asusta? ¿Qué necesitas? ¿Qué puedo hacer para que seas feliz?*

6.  Cierra los ojos y dedica unos minutos a reflexionar sobre lo que has aprendido acerca de tu niño interior.

**Tu pensamiento del corazón para el día 8:**
*Abrazo amorosamente a mi niño interior*

Cuida de tu niño interior. Es el niño asustado. Es el niño que sufre. Es el niño que no sabe lo que ha de hacer.

Está presente con tu niño. Abrázalo, ámalo y haz todo lo que puedas para cubrir sus necesidades. Asegúrate de que tu niño sabe que, pase lo que pase, siempre estarás con él. Nunca le darás la espalda ni lo abandonarás. Siempre amarás a ese niño.

## Tu meditación para el día 8: Déjate ir y relájate
### *(día 8 de la descarga del audio)*

Respira hondo y cierra los ojos. Vuelve a respirar hondo y relaja todo tu cuerpo. Lleva tu atención a los dedos de los pies y permite que se relajen por completo. Ahora relaja los empeines, los talones y los tobillos. Siente lo mucho que te pesan los pies. Nota cómo esta relajación va ascendiendo por tus pantorrillas y llega a tus rodillas. Sigue moviendo este calor y relajación hacia tus muslos, siente cómo pesan.

Ahora nota cómo se relajan tus caderas y tus glúteos. Relaja la cintura y observa el tranquilo movimiento de tu pecho, expandiéndose por tus clavículas y tus hombros. Relaja tus brazos. Relaja los codos. Relaja los antebrazos, las muñecas y las manos. Deja que salgan todas tus tensiones a través de las yemas de tus dedos. Relaja el cuello, la mandíbula, las mejillas y los músculos alrededor de los ojos. Relaja la frente y el cuero cabelludo. Déjate ir, déjate ir, déjate ir. Relájate.

# Ama a tu niño interior: segunda parte

*Hoy utilizarás el espejo para perdonar el pasado*
*y empezar a amar a tu maravilloso niño interior.*

¿Cómo os va hoy a ti y a tu niño interior? ¿Os estáis empezando a conocer mejor? He descubierto que trabajar con el niño interior es extraordinariamente útil para ayudarnos a cerrar las heridas del pasado. No siempre estamos en contacto con los sentimientos del niño asustado que hay dentro de nosotros.

Si en tu infancia pasaste mucho miedo y sufriste abusos físicos o verbales, puede que tengas el hábito de machacarte mentalmente. Cuando haces esto, estás perpetuando ese maltrato casi de la misma manera. Sin embargo, el niño interior no tiene dónde ir.

Muchas personas tenemos un niño interior que se siente perdido, solo y rechazado. Quizás el único contacto que hayamos tenido con ese niño interior durante mucho tiempo haya sido a través de las reprimendas y las críticas. Y encima nos preguntamos por qué somos desgraciados. No podemos rechazar una parte de nosotros y pretender estar en armonía interiormente.

Hoy utilizaremos nuestro trabajo del espejo para trascender las limitaciones de nuestros padres y conectar con nuestro niño interior perdido. Perdonemos el pasado y empecemos a amar a este hermoso niño interior. Este niño necesita saber que nos preocupamos por él.

La mayoría hemos enterrado muchos sentimientos y heridas del pasado. Aprender a amar a tu niño interior te llevará tiempo. Tómate todo el que necesites. Repite estos ejercicios todas las veces que te haga falta. Lo conseguirás, te lo prometo.

Tu niño interior sigue acarreando las creencias que desarrollaste al principio. Si tus padres eran de ideas fijas y ahora eres muy duro contigo mismo o tienes la tendencia de crear muros a tu alrededor, tu niño interior probablemente todavía está siguiendo las reglas de tus padres. Si sigues culpabilizándote por cada error, seguramente tu niño interior se levantará muy asustado por la mañana pensando: *¿Por qué me van a gritar hoy mis padres?*

Lo que nuestros padres nos hicieron en el pasado fue un producto de su conciencia. Ahora nosotros somos los padres y estamos usando nuestra conciencia. Si todavía te resistes a cuidar de tu niño interior, es porque estás estancado en tu propio resentimiento. Eso siempre significa que todavía hay alguien a quien debes perdonar. ¿Qué resentimiento has de eliminar? ¿Qué es lo que todavía no te has perdonado?

Ahora visualiza que coges de la mano a tu niño interior y que vais juntos a todas partes durante unos días. Observa cuántas experiencias hermosas podéis tener. Puede parecerte una tontería, pero te ruego que lo pruebes. Realmente funciona. Crea una vida maravillosa para ti y para tu niño interior. El Universo te responderá y encontrarás formas de curar a tu niño interior y a tu adulto.

No importa cómo haya sido tu infancia (feliz o desdichada), tú y sólo tú eres el responsable de tu vida. Puedes pasarte el tiempo culpabilizando a tus padres o bien acogerte al amor.

El amor es el mejor remedio para eliminar los males que conozco. Borra hasta los recuerdos más profundos y dolorosos, porque el amor va más allá que ninguna otra cosa. Reflexiona un momento: ¿Quieres ser feliz o sufrir en tu vida? La elección y el poder están siempre dentro de ti. Mírate a los ojos, ámate y ama al niño que hay en ti.

Afirma: *Amo a mi niño interior. Ahora soy el responsable de mi vida.*


### Ejercicio del trabajo del espejo para el día 9

1.  Ve a tu cuarto de baño y mira el dibujo que pegaste ayer en el espejo de cuando eras pequeño.

2. Dedica ahora un momento para decirle a tu niño interior que te preocupas por él. Repite estas afirmaciones: *Me preocupo por ti. Te amo. Te amo de todo corazón.*

3. Siéntate delante del espejo si puedes, o hazlo para mirarte en un espejo de mano. Sigue la conversación con tu niño interior que empezaste ayer. Podrías comenzar por una disculpa, diciendo algo como lo siguiente: *Siento no haber hablado contigo en años. Siento haberte regañado durante tanto tiempo. Quiero compensarte por todo el tiempo que hemos estado separados.*

4. Si durante 50 o 60 años no has hablado con tu niño interior, puede que tardes un poco en notar que estás volviendo a conectar. Pero no te rindas. Al final lo conseguirás. Quiza *sientas* a tu niño interior. Puede que lo *oigas* dentro de ti. Puede que hasta llegues a *verlo*.

5. Ten a mano un paquete de pañuelos desechables. Es normal que llores cuando hables con tu niño interior. Las lágrimas te ayudarán a romper el hielo y a conectar con él.

## El poder está dentro de ti:
## Tu ejercicio del diario para el día 9

1. ¿Qué es lo que realmente te gustaba hacer cuando eras pequeño? Escribe todo lo que se te ocurra. ¿Cuándo fue la última vez que hiciste alguna de esas cosas? Por desgracia, muchas veces el padre o la madre que llevamos dentro nos impiden divertirnos porque no es cosa de adultos.

2. Ahora cierra tu diario y sal afuera a jugar con tu niño interior. ¡Diviértete! Haz las tonterías que te gustaba hacer cuando eras pequeño, como saltar sobre un montón de hojas secas o pasar por debajo de los chorros de agua del aspersor del jardín. Mira cómo juegan otros niños. Te traerá recuerdos de los juegos que te gustaban. Si quieres divertirte más en tu vida, conecta con tu niño interior y con ese espacio de espontaneidad. Te prometo que empezarás a divertirte más.

### Tu pensamiento del corazón para el día 9:
#### *Estoy dispuesto a cambiar y a crecer*

Estás dispuesto a aprender cosas nuevas porque no lo sabes todo. Estás dispuesto a abandonar viejos conceptos que ya no te sirven para nada. Estás dispuesto a revisar tu conducta y decir: «Ya no quiero seguir haciendo esto». Sabes que puedes parecerte más a quien realmente eres. No estoy diciendo que seas mejor persona, porque eso implicaría que no eres lo bastante bueno, lo cual no es cierto, sino más de lo que *realmente* eres.

Crecer y cambiar es apasionante, aunque para ello tengas que enfrentarte a algunos aspectos dolorosos dentro de ti.

### Tu meditación para el día 9: Ama a tu niño interior
*(día 9 de la descarga del audio)*

Retrocede en el tiempo. Visualízate como un niño de cinco años. Ábrele los brazos a este niño y dile: «Soy tu futuro y he venido a amarte». Abrázalo amorosamente y tráelo al presente contigo. Visualiza que estáis los dos delante del espejo y que os estáis mirando con cariño. Y mientras estás ahí de pie eres consciente de que hay muchas partes de ti que no están presentes.

Retrocede aún más en el tiempo, hasta el día de tu nacimiento. Has llegado hasta el momento en que entrabas en el canal del parto. Puede que fuera un viaje difícil. Sientes el aire frío, ves luces brillantes y alguien acaba de darte una palmadita. ¡Ya has llegado! Has venido a vivir toda una vida. Ama a ese bebé. ¡Ama a ese bebé!

Ahora avanza en el tiempo hasta el momento en que empezaste a andar. Te ponías de pie y te caías, te levantabas y te volvías a caer, te levantabas y te caías. Hasta que un día, de pronto, te mantuviste erguido y empezaste a dar un paso tras otro, ¡estabas caminando! Estabas muy orgulloso de ti. Ama a ese pequeñín. ¡Ama a ese niño!

Ahora sigue avanzando hasta el primer día que fuiste a la escuela. No querías separarte de tu madre, pero tuviste que hacerlo. Diste tus primeros pasos para cruzar el umbral de tu escuela. Tenías miedo, pero tuviste que hacerlo. Lo hiciste lo mejor que supiste. Ama a ese niño. ¡Ama a ese niño!

Ahora recuerda cómo era tu vida cuando tenías unos diez años y todo lo que estaba sucediendo por aquel entonces. Puede que fuera maravilloso o puede que no. Estabas haciendo todo lo posible por sobrevivir y lo conseguiste. Ama a ese niño. ¡Simplemente, ámalo!

Ahora avanza hasta cuando empezaste a entrar en la pubertad y lo que pasaba en tu vida en aquellos tiempos. Era apasionante o aterrador, quizá más de lo que tú podías soportar en aquel entonces, pero lo superaste. Hiciste todo lo que pudiste y lo conseguiste. Ama a ese adolescente. ¡Ama a ese adolescente!

Avanza hasta el día en que conseguiste tu primer trabajo y lo excitante que era ganar dinero. Estabas totalmente centrado en causar buena impresión y tenías mucho que aprender. Pero hiciste lo que pudiste y lo superaste. Ama a esa persona. ¡Simplemente, ama a esa persona!

Recuerda la primera vez que sufriste un rechazo amoroso y cuánto te dolió. Estabas seguro de que nadie volvería a amarte. Sufriste mucho. Lo hiciste lo mejor que supiste y lo superaste. Ama a esa persona. ¡Ama a esa persona!

Ahora recuerda algún otro momento clave en tu vida. Puede que fuera una situación comprometida, dolorosa o maravillosa sea lo que fuere, lo hiciste lo mejor que supiste en aquellos tiempos, con la comprensión, el conocimiento y el grado de conciencia que tenías entonces. Por tanto, ama a esa persona. ¡Ama a esa persona!

Ahora reúne a todas las múltiples partes de ti mismo y sitúalas en el presente. Visualízate delante del espejo con todos tus yoes y date cuenta de que estás contemplando toda la riqueza y plenitud de tu vida. Ha habido épocas difíciles, momentos dolorosos, comprometidos y de confusión, desde luego. Y está bien. Todo eso forma parte de la vida. Ámalo *todo* de ti.

Ahora date la vuelta. Y al mirar al frente imagina que hay una persona delante de ti con los brazos abiertos que te está diciendo: «Soy tu futuro y he venido a amarte».

La vida, en realidad, es una oportunidad constante de amarte a ti mismo, en el pasado, presente y futuro. Amar y aceptar cada parte de ti es curativo. ¿Cómo puedes sentirte realizado o curado si estás rechazando alguna parte de ti? La sanación implica recuperar tu integridad. Ámate a ti mismo, ama todos tus aspectos y siéntete completo. Todo está bien. ¡Y es cierto!

# Ama tu cuerpo, sana tu dolor

*La lección de hoy es sobre el dolor, es decir,*
*de dónde surge, lo que te está queriendo decir*
*y lo que puedes aprender de él.*

Muchas personas viven con dolor o enfermedades diariamente. Puede que se trate de una pequeña parte de su vida o que ocupe la mayor parte de ésta. Hoy vas a usar el trabajo del espejo para abrir una nueva puerta a amar tu cuerpo y a sanar tu dolor.

Nadie quiere sentir dolor, pero si lo sientes, ¿qué puedes aprender de ello? ¿De dónde surge ese dolor? ¿Qué está intentando decirte? Puesto que el dolor puede ser una manifestación de un mal-estar físico o mental, es evidente que el cuerpo y la mente son susceptibles a él.

Hace poco fui testigo de un maravilloso ejemplo de ésto mientras observaba a dos niñas pequeñas que jugaban en un parque. La primera niña levantó la mano para pegar de mentira a la otra en el brazo. Antes de ponerle la mano encima, la otra niña exclamó: «¡Ay!» La primera niña miró a su amiga y le preguntó: «¿Por qué te has quejado si todavía no te he tocado?» «Bueno, porque sabía que iba a doler», respondió la otra.

El cuerpo, como todo lo demás en esta vida, es un reflejo de nuestros pensamientos y creencias internos. Siempre nos está hablando, por si nos molestamos en escucharle. Yo creo que somos nosotros los que nos creamos todos los dolores y enfermedades de nuestro cuerpo. Todas las células de nuestro cuerpo responden a todos y cada uno de nuestros pensamientos y a las palabras que pronunciamos.

El cuerpo siempre aspira a lograr la salud óptima, no importa lo que hagamos. No obstante, si lo maltratamos con comida y pensamientos insanos, contribuimos a nuestro malestar.

El dolor puede manifestarse de muchas formas: como un achaque, un arañazo, un golpe en un dedo del pie, un morado, una congestión, un trastorno del sueño, con una sensación de estómago revuelto y una enfermedad. Está intentando decirnos algo. El dolor es la forma que tiene el cuerpo de ondear una bandera roja para llamar nuestra atención, un último intento desesperado de decirnos que algo no va bien en nuestra vida.

¿Qué hacemos cuando nos duele algo? Generalmente vamos corriendo al botiquín o a la farmacia y nos tomamos una pastilla. Cuando hacemos esto, le estamos diciendo a nuestro cuerpo: «¡Cállate! No quiero escucharte». Nuestro

cuerpo se callará durante un rato, pero volverá a susurrar-
nos, aunque esta vez con más fuerza. Imagínate qué suce-
dería si le dijeras algo importante a un amigo, pero no te
escuchará. Se lo volverías a decir y, probablemente, más
alto. Si aun así siguiera sin prestarte atención, lo más probable es que te pusieras nervioso y perdieras el control. O que
te sintieras rechazado y pensaras que no te aman, y puede
que te encerraras en ti mismo.

A veces las personas *quieren* estar enfermas. En nuestra sociedad hemos convertido el dolor y la enfermedad
en una forma legítima de evitar las responsabilidades o las
situaciones desagradables. Si no aprendemos a decir no,
tendremos que inventar algún mal-estar que pueda decir
no por nosotros.

No obstante, llegará un momento en que tendrás que
prestar atención a lo que está sucediendo. Escucha a tu
cuerpo, porque en realidad lo que él quiere es estar sano y
necesita tu colaboración.

Considera cada uno de tus dolores como un maestro
que te está diciendo que tienes una idea falsa en tu conciencia. Alguna de tus creencias, algo que has dicho, hecho o pensado no es lo que más te conviene. Siempre me
imagino a mi cuerpo tirando de mí y diciéndome: «¡Por
favor, presta atención!» Cuando descubres el patrón mental que se esconde detrás del dolor o de la enfermedad,
tienes la oportunidad de cambiarlo a través de tu trabajo
del espejo y frenar el mal-estar.

¿Estás dispuesto a prestarle atención a tu cuerpo y a
liberarte de la necesidad que ha contribuido a tu dolor? Si

es así, empieza tu trabajo del espejo y aprende a amar tu cuerpo y a curar tu dolor.

Afirma: *Amo mi cuerpo. Le devuelvo la salud óptima a mi cuerpo dándole lo que necesita en todos los aspectos.*

### Ejercicio del trabajo del espejo para el día 10

1. Elige el dolor o la enfermedad sobre el que te gustaría trabajar hoy. Por ejemplo, la acidez de estómago.

2. Ponte de pie o siéntate delante del espejo.

3. Mírate fijamente a los ojos y formúlate estas preguntas: *¿De dónde viene esta acidez de estómago? ¿Qué está intentando decirme? ¿He comido algo que no era sano? ¿Tengo miedo de algo? ¿Algo me indica que tengo problemas para hacer la digestión? ¿Hay alguna situación importante que estoy evitando afrontar? ¿Qué o a quién no puedo soportar?*

4. Independientemente del dolor o mal-estar que estés padeciendo, puedes repetir estas afirmaciones: *Respiro libre y profundamente. Escucho los mensajes de mi cuerpo. Alimento mi cuerpo con comida saludable y nutritiva. Descanso cuando mi cuerpo lo necesita. Amo este extraordina-*

*rio cuerpo. Estoy a salvo. Confío en el proceso de la vida. No tengo miedo.* Sigue repitiendo estas afirmaciones.

5.  Ahora repite algunas afirmaciones específicas para el área que te está doliendo. (Puedes informarte sobre los patrones mentales para el dolor y enfermedades concretas, junto con sus correspondientes afirmaciones, en mi libro *Sana tu cuerpo.*) Si tienes problemas de estómago, por ejemplo, di: *Quiero a mi estómago. Te quiero mucho, estómago sano. Te nutro con alimentos saludables y tú los digieres con alegría. Te doy permiso para que estés bien.*

6.  Repite estas afirmaciones dos o tres veces más.

## El poder está dentro de ti: Tu ejercicio del diario para el día 10

1.  Cuando sientas dolor o malestar, dedica un tiempo a tranquilizarte. Confía en que tu Poder Superior te indicará qué es lo que tienes que cambiar en tu vida para liberarte de este dolor.

2.  Visualiza un entorno natural perfecto con tus flores favoritas creciendo en abundancia a tu

alrededor. Siente y huele el dulce aire cálido que te da suavemente en la cara. Concéntrate en relajar todos los músculos de tu cuerpo.

3. Hazte estas preguntas: *¿Cómo estoy contribuyendo a este problema? ¿Qué es lo que tengo que saber? ¿Qué áreas de mi vida he de cambiar?* Reflexiona sobre estas preguntas y deja que surjan las respuestas. Escríbelas en tu diario.

4. Elige una de las respuestas que has recibido en el paso 3 y escribe un plan de acción que puedas poner en práctica hoy.

Haz los cambios de uno en uno. Como dijo el filósofo chino Lao-Tsé: «El viaje de las mil millas comienza con el primer paso». Un pasito unido a otro puede suponer un cambio significativo en tu vida. El dolor puede que no desaparezca de la noche a la mañana, aunque puede que sí. Ha necesitado tiempo para salir a la superficie; por consiguiente, puede que también necesite tiempo para reconocer que ya no es necesario. Sé amable contigo mismo.

## Tu pensamiento del corazón para el día 10:
### *Escucho atentamente los mensajes de mi cuerpo*

El cuerpo, como todo en esta vida, es un reflejo de tus pensamientos y creencias interiores. Cada célula responde a cada uno de tus pensamientos y palabras.

En este mundo de cambio, elige ser flexible en todas las áreas. Ábrete al cambio y a cambiar tus creencias para mejorar tu calidad de vida y tu entorno. Tu cuerpo te ama a pesar de cómo lo trates. Tu cuerpo se comunica contigo y ahora escuchas sus mensajes. Estas preparado para recibir el mensaje.

Presta atención y haz las enmiendas necesarias. Ama tu cuerpo y dale lo que necesita en todos los niveles para devolverle la salud óptima. Recurre a esa fuerza interior que está esperándote para cuando la necesites.

## Tu meditación para el día 10:
### Afirmaciones positivas para la salud
### *(día 10 de la descarga del audio)*

Aquí tienes algunas afirmaciones positivas para favorecer tu salud y tu curación. Repítelas con frecuencia:

*Me gustan los alimentos que más le convienen a mi cuerpo.*
*Amo cada célula de mi cuerpo.*
*Elijo cosas sanas.*

Me respeto a mí mismo.

Espero tener una vejez saludable porque ahora cuido con esmero mi cuerpo.

Siempre descubro nuevas formas de mejorar mi salud.

Devuelvo a mi cuerpo su salud óptima dándole lo que necesita en todos los niveles.

La curación es posible. Aparto mi mente y permito que la inteligencia de mi cuerpo haga su trabajo de sanación espontáneamente.

Tengo un ángel de la guarda especial. En todo momento estoy bajo su guía y su protección divinas.

Tengo derecho a la salud perfecta y la reclamo ahora.

Doy gracias por tener un cuerpo sano. Amo la vida.

Soy la única persona que puede controlar mis hábitos alimentarios. Siempre puedo resistirme a algo si decido hacerlo.

El agua es mi bebida favorita. Bebo mucha agua para limpiar mi cuerpo y mi mente.

Llenar mi mente de pensamientos agradables es la vía más rápida para alcanzar la salud.

# Siéntete bien, libera tu ira

*Hoy vas a trabajar tu ira: cómo procesarla y liberarla antes de que te provoque una enfermedad y cómo crear espacio en tu interior para albergar más emociones positivas.*

¿Cómo te sientes hablándote a ti mismo todos los días y diciéndote que eres amado? Mírate al espejo y dedica unos momentos a felicitarte. Has profundizado en tus emociones y has empezado a liberarte del pasado. Ahora estás aprendiendo a reproducir mentalmente una grabación de afirmaciones positivas. Celebra tus progresos hasta la fecha. TE felicito y celebro tu compromiso con tu trabajo del espejo.

Mientras escarbabas en tu pasado y liberabas tus emociones, puede que hayas descubierto algunos sentimientos de ira hacia ti mismo o hacia un acontecimiento en concreto. Hoy me gustaría ayudarte a trabajar el perdón y a liberar toda la ira que tienes acumulada, para que puedas sentirte bien contigo mismo.

La ira es una emoción sincera. Pero cuando no se expresa o procesa externamente, se hace internamente, en el cuerpo, y, por lo general, suele manifestarse como una enfermedad o disfunción.

Casi todos solemos enfadarnos por las mismas cosas. Y cuando estamos enfadados, nos parece que no tenemos derecho a expresarlo y nos lo tragamos, lo que puede provocarnos resentimiento, amargura o depresión. Por consiguiente, es bueno manejar nuestra ira y liberarla siempre que aparezca.

Si sientes que necesitas expresarte físicamente, hazte con algunos cojines y desahógate a puñetazos con ellos. No temas que la ira se manifieste tal cual es. Hace demasiado tiempo que estás reprimiendo tus sentimientos. No tienes por qué sentirte culpable ni avergonzarte de tu ira.

Una de las mejores formas de tratar la ira es hablar francamente con la persona que te la provoca. Cuando tienes ganas de gritarle a alguien es porque hace mucho tiempo que estás macerando esa ira. Con frecuencia, eso sucede cuando no puedes sincerarte con la otra persona. La segunda mejor forma de liberar tu ira es hablar con la persona del espejo.

El trabajo del espejo te ayudará a sacar todos tus sentimientos. Una de mis alumnas tenía muchos problemas para sacar la ira. Mentalmente, entendía sus sentimientos, pero a pesar de ello no era capaz de expresarlos. Cuando se permitió hacerlo a través del trabajo del espejo, pudo gritar y decirle a su madre y a su hija alcohólicas todo tipo de calificativos. Sintió que se había liberado de una gran carga en cuanto pudo deshacerse de su resentimiento. Más adelante, el día que fue a visitarla su hija, lo único que no pudo evitar era abrazarla. Todo esto fue posible gracias a que había liberado su ira y pudo dejar sitio al amor.

Muchas personas me cuentan que son mucho más felices cuando han podido liberar la ira que sentían hacia otra persona. Es como si se hubieran sacado un tremendo peso de encima.

Interiorízate sabiendo que hay una respuesta a tu ira y que la vas a encontrar. Es muy terapéutico meditar y visualizar la rabia saliendo libremente de tu cuerpo. Envíale amor a la persona que es el objeto de tu ira y visualiza tu amor disolviendo cualquier desarmonía entre tú y ella. Sé receptivo a la armonía. Quizás esa ira que sientes esté intentando decirte que no te comunicas bien con los demás. Al reconocerlo, puedes corregirlo.

Afirma: *Está bien tener mis sentimientos. Hoy expreso mis sentimientos de formas positivas.*

### Ejercicio del trabajo del espejo para el día 11

1.  Busca un lugar con un espejo donde te sientas a gusto y nadie te moleste.

2.  Mírate a los ojos en el espejo. Si todavía te incomoda, concéntrate en tu boca o en tu nariz.

Contémplate o visualiza a la otra persona que crees que te ha ofendido. Recuerda el momento en que te enojaste y permite que la ira se manifieste a través de ti. Empieza a decirle a esa persona exactamente por qué estás tan enfadado con ella. Expresa toda la ira que sientes. Sé concreto. Podrías decir lo siguiente: *Estoy enfadado contigo porque [rellena el espacio con el motivo]. Me siento herido porque tú [rellena el espacio con el motivo]. Tengo tanto miedo porque tú [rellena el espacio con el motivo].*

Puede que tengas que hacer este ejercicio varias veces antes de que empieces a sentir realmente que te has liberado de toda tu ira. Puede que tengas que trabajar más de un tema que te provoca ira. Haz lo que sientas que necesitas más.

### El poder está dentro de ti: Tu ejercicio del diario para el día 11

1. ¿Has estado enfadado durante la mayor parte de tu vida? A continuación tienes algunas preguntas que puedes apuntar en tu diario para que te ayuden a liberar tus sentimientos de ira: *¿Por qué elijo estar siempre enfadado? ¿Qué hago para crear situaciones que me enfurecen? ¿A*

*quién sigo castigando? ¿Qué estoy transmitiendo que atrae en los demás la necesidad de contradecirme?*

2. Ahora pregúntate lo siguiente y escribe las respuestas: *¿Qué es lo que quiero? ¿Qué me hace feliz? ¿Qué puedo hacer para ser feliz?*

3. Piensa en todas las formas en que puedes crear un nuevo espacio interior donde te sientas a gusto contigo mismo. Piensa cómo puedes crear patrones y creencias optimistas y alegres.

### Tu pensamiento del corazón para el día 11:
*Me merezco encontrarme bien*

La vida es muy sencilla. Creamos nuestras experiencias a través de nuestros patrones de pensamiento y de sentimiento. Lo que creemos sobre nosotros mismos y sobre la vida se convierte en nuestra realidad. Los pensamientos no son más que palabras encadenadas. No tienen ningún significado en sí mismos. Somos *nosotros* los que les damos sentido. Les damos sentido al concentrarnos repetidamente en los mensajes negativos.

Lo que hagamos con nuestros sentimientos es muy importante. ¿Vamos a manifestarlos? ¿Vamos a culpabilizar a otra persona? La tristeza, la soledad, la culpa, la ira y el miedo son emociones normales. Pero cuando estos sentimientos se apoderan de nosotros, la vida puede convertirse en un campo de batalla emocional.

A través del trabajo del espejo, de amarnos a nosotros mismos y de las afirmaciones positivas, puedes nutrirte positivamente y liberarte de cualquier temor que sientas en el presente. ¿Crees que te mereces paz y serenidad en tu vida emocional?

Afirma: *Libero de mi conciencia el patrón que está creando resistencia a recibir cosas buenas. Me merezco sentirme bien.*


## Tu meditación para el día 11: Tu luz curativa
### (día 11 de la descarga del audio)

Concéntrate en lo más profundo de tu corazón y busca un puntito de luz brillante de color. Es un color muy hermoso. Es el mismísimo centro de tu amor y de tu energía curativa. Observa cómo empieza a palpitar ese puntito de luz. En esa pulsación se va expandiendo hasta llenar tu corazón. Visualiza esta luz moviéndose por tu cuerpo, llegando hasta la coronilla y los dedos de tus pies y de tus manos. Estás resplandeciente con esta hermosa luz de color, con tu amor y con tu energía curativa. Deja que vibre todo tu cuerpo con esta luz. Di para ti: *Cada respiración hace que mejore mi salud.*

Siente que esta luz limpia tu cuerpo del mal-estar y permite que regrese su salud vibrante. Ahora deja que esta luz se proyecte hacia afuera en todas direcciones, de este modo tu energía curativa alcanzará a todas aquellas personas que la necesiten. Qué privilegio es compartir tu amor, luz y energía curativa con las personas que necesitan sanación. Dirige tu luz hacia los hospitales, residencias de ancianos, orfanatos, prisiones, hospitales psiquiátricos y otras instituciones donde reina la desesperación, para llevar esperanza, iluminación y paz. Dirígela hacia todos los hogares de tu ciudad. Dondequiera que haya dolor y sufrimiento, deja que tu amor, tu luz y tu energía curativa reconforten a quienes lo necesitan.

Elige un lugar del planeta donde te gustaría reforzar la sanación. Puede ser un lugar lejano o cercano. Concentra tu amor, tu luz y tu energía curativa en este lugar y visualízalo recuperando su equilibrio y armonía. Visualízalo en estado íntegro. Dedica un momento todos los días a enviar tu amor, tu luz y tu energía curativa a ese lugar en particular que has elegido.

Lo que damos vuelve a nosotros multiplicado. Da amor. ¡Y así es!

# DÍA 12

# Supera tu miedo

*Hoy vas a aprender a neutralizar el poder que el miedo
tiene sobre ti y a confiar en que la vida te cuidará.*

Mírate al espejo, respira profundo y mándale un beso a
esa persona maravillosa que te está mirando. Cada día te
vuelves más fuerte. Dale las gracias al espejo por ayudarte
a liberarte de tu pasado y a reflejar pensamientos más positivos hacia ti. ¡La vida te ama y yo también!

Hoy tu trabajo del espejo es sobre una emoción que puede impedirte que te ames, que perdones a los demás y que
tengas la vida feliz que te mereces. Esta emoción es el miedo.

Actualmente, el miedo está aumentando en todo el
planeta, se manifiesta en forma de guerras, asesinatos, codicia y desconfianza. El miedo es la falta de confianza en ti
mismo. Cuando empieces a superar tu miedo, podrás empezar a confiar en la vida. Empezarás a confiar en que la
vida cuida de ti.

Susan Jeffers, en su superventas internacional *Aunque
tenga miedo, hágalo igual*, escribió: «Si todo el mundo tie-

ne miedo cuando se encuentra ante algo totalmente nuevo en la vida y, aun así, muchos estamos ahí "haciéndolo" a pesar del miedo, hemos de llegar a la conclusión de que *el problema no es el miedo*». Ella creía que el verdadero problema no era el miedo en sí mismo, sino cómo nos *aferramos* a él. Podemos enfrentarnos al miedo desde una posición de poder o desde una de indefensión. El hecho de que tengamos miedo es irrelevante.

¿Cuánto poder le concedes a tus miedos?

Cuando surge un pensamiento de miedo es porque, en realidad, está intentando protegerte. Cuando tienes miedo físicamente, la adrenalina corre por tu cuerpo para protegerte del peligro, y lo mismo sucede con el miedo que creas mentalmente.

Te aconsejo que cuando hagas el trabajo del espejo le hables a tu miedo. Que puedas decir: «Sé que quieres protegerme. Aprecio que quieras hacerlo. Y te doy las gracias». Reconoce su intención de protegerte.

A través de la observación de tus miedos y dirigiéndote a ellos en tu trabajo del espejo empezarás a reconocer que tú *no* eres tus miedos. Contempla tus miedos como si estuvieras viendo las imágenes de una película en la pantalla: lo que ves en la pantalla no está ahí. Las imágenes en movimiento no son más que fragmentos de celuloide que se suceden uno tras otro en décimas de segundo. Tus miedos van y vienen con la misma rapidez, salvo que insistas en retenerlos.

El miedo sólo es una limitación mental. Tienes miedo de ponerte enfermo, de quedarte sin trabajo, de perder a un ser querido o de que te deje tu pareja. Entonces, el miedo se convierte en un mecanismo de defensa. No obstante, sería mucho más útil que hicieras tu trabajo del espejo para dejar de re-crear mentalmente situaciones que te asustan.

Creo que todos podemos elegir entre el amor y el miedo. Experimentamos el miedo al cambio, el miedo al no cambio, el miedo al futuro y el miedo a darnos una oportunidad. Tememos la intimidad y tenemos miedo de estar solos. Nos da miedo transmitir a las personas lo que necesitamos y mostrarnos tal como somos, y tenemos miedo de olvidar el pasado. Pero la mente no puede mantener dos pensamientos opuestos a la vez y en el otro extremo del miedo está el amor. El amor es el que obra los milagros que estamos buscando. Cuando te amas a ti mismo estás capacitado para cuidar de ti.

Cuando tienes miedo, recuerda que no te estás amando ni confiando en ti mismo. La causa de tus miedos suele ser la creencia de que no eres lo bastante bueno. Pero cuando te amas y te apruebas *incondicionalmente*, puedes empezar a superar tus temores.

Haz todo lo que puedas para reforzar tu corazón, tu cuerpo y tu mente. Recurre a tu espejo y al poder que hay en tu interior.

Afirma: *Todo está bien. Todo sucede para mi máximo bien. Estoy a salvo. El amor es mi fuerza. Sólo el amor es real.*

## Ejercicio del trabajo del espejo para el día 12

1. ¿Cuál es tu mayor temor en estos momentos? Escríbelo en una nota adhesiva y pégala en el lado izquierdo de tu espejo. Reconoce este miedo. Dile: *Sé que tu intención es protegerme. Valoro que quieras ayudarme. Gracias. Ahora te dejo marchar. Te libero y estoy a salvo.* Ahora coge la nota adhesiva, rómpela y tírala a la basura o al inodoro. Sea cual sea el sistema que utilices para liberarte del miedo, el secreto está en no aferrarte a él.

2. Vuelve a mirarte al espejo y repite estas afirmaciones: *Amo y confío. El amor y la vida cuidan de mí. Soy uno con el Poder que me ha creado. Estoy a salvo. Todo está bien en mi mundo.*

3. Ahora mírate al espejo y observa tu respiración. Cuando tenemos miedo solemos retener la respiración. Si te sientes amenazado o tienes miedo, respira conscientemente. Haz unas cuantas respiraciones profundas. La respiración te abre la puerta a un espacio en tu interior que es donde reside tu poder. Endereza tu columna, abre tu pecho y concede espacio a tu tierno corazón para que se expanda.

4. Sigue respirando espontáneamente, pero observando tu respiración. Mientras tanto, repite estas afirmaciones: *Te amo, [nombre]. Te amo. Te amo de todo corazón. Confío en la vida. La vida me da todo lo que necesito. No tengo nada que temer. Estoy a salvo. Todo está bien.*

## El poder está dentro de ti:
## Tu Ejercicio del Diario para el día 12

1. Escribe cuáles son tus grandes miedos clasificándolos en cada una de estas categorías: *Familia, Salud, Profesión, Relaciones y Finanzas.*

2. Ahora escribe una o más afirmaciones positivas para cada uno de los miedos que has anotado. Por ejemplo, si has escrito: *Tengo miedo de enfermar y de no poder cuidar de mí mismo*, la afirmación sería: *Siempre atraigo toda la ayuda que necesito.*

## Tu pensamiento del corazón para el día 12:
## Siempre estoy perfectamente protegido

Recuerda: cuando surja un temor es porque está intentando protegerte. Dile al miedo: «Valoro que quieras ayudarme». A continuación repite una afirmación que vaya dirigida a ese miedo en concreto. Reconócelo y dale las gracias, pero no le concedas el poder ni toda la importancia.

## Tu meditación para el día 12:
## Crea un mundo seguro y amable
### *(día 12 de la descarga del audio)*

Considera el día de hoy y todos los días como un momento de aprendizaje, como un nuevo comienzo. Es una oportunidad de cambio y de crecimiento, para abrir tu conciencia a un nuevo nivel y tener en cuenta nuevas ideas y formas de pensar, para visualizar el mundo en que te gustaría vivir. Tu visión ayuda a crear el mundo. Acompáñame en una poderosa y nueva visión conjunta de nosotros mismos y de nuestro planeta.

Visualiza un mundo donde todas las personas tengan dignidad, donde todos, sin importar raza o nacionalidad, se sientan seguros y tengan poder. Visualiza que se valora y se cuida a los niños en todo el mundo y que desaparecen los abusos a menores. Visualiza que en las escuelas se utiliza su valioso tiempo para enseñar cosas importantes como amarse a uno mismo, a relacionarse con los demás, a ser buenos padres y madres, a administrar el dinero y a tener seguridad económica. Ahora visualiza que todas las personas enfermas recuperan su salud, que las enfermedades se convierten en algo del pasado a medida que los médicos van aprendiendo a mantener a las personas sanas y vitales. Visualiza que el dolor y el sufrimiento desaparecen y que los hospitales se convierten en bloques de viviendas.

Visualiza a todas las personas sin techo recibiendo atención y la oportunidad de trabajar si así lo desean. Visualiza las cárceles como lugares donde se fomenta el mérito y la autoestima, tanto en los funcionarios de prisiones como en los presos, y que de allí salen ciudadanos responsables que aman la vida. Visualiza las iglesias eliminando la culpa y el pecado de sus enseñanzas y apoyando a sus feligreses para que manifiesten su grandeza divina y encuentren lo que es mejor para ellos. Visualiza los gobiernos preocupándose realmente de su pueblo con justicia y compasión hacia todos. Visualiza la honestidad y la equidad regresando a todos los negocios, puesto que desconocerán lo que es la codicia. Visualiza a hombres y mujeres apoyándose mutuamente para vivir con dignidad, puesto que todos los actos de violencia habrán desaparecido. Visualiza agua pura, alimentos nutritivos y aire limpio para todos como lo más natural del mundo.

Ahora salgamos afuera y sintamos la lluvia pura. Cuando deja de llover, las nubes desaparecen y vemos un hermoso arco iris al salir el sol. Siente el aire puro. Huele su frescor. Ve agua burbujeante en ríos y lagos. Contempla la frondosa vegetación: bosques densos y vergeles de flores, frutas y verduras para abastecernos a todos.

Visualiza personas de todo el mundo viviendo en paz y en la abundancia, todos en armonía. Cuando bajamos nuestros brazos y abrimos nuestros corazones, vemos que los juicios, las críticas y los prejuicios pasan de moda y desaparecen. Vemos que desaparecen las fronteras, que se eliminan las separaciones. Todos nos convertimos en uno, en verdaderos hermanos y hermanas que se cuidan mutuamente.

Visualiza el planeta, a la Madre Tierra, habiendo recobrado la salud y su integridad, los desastres naturales habrán desaparecido y la tierra suspirará de alivio porque habrá vuelto la paz.

Piensa en otras cosas positivas que te gustaría que sucedieran en este planeta. Al albergar y visualizar estas ideas que están en tu mente, ayudas a crear este mundo nuevo, seguro y maravilloso.

# Empieza el día con amor

*Hoy descubrirás que la forma en que te levantas por la mañana determina tus experiencias del resto del día. Aprenderás que el poder de lo positivo puede cambiarlo todo para mejor.*

¡Felicidades! Has superado las 12 primeras lecciones de este curso. Has aprendido a usar el instrumento del trabajo del espejo para cambiar tus patrones de creencias y liberarte de tus emociones negativas. ¿Estás empezando a sentir el poder del trabajo del espejo y la forma en que puede cambiar tu vida?

Hoy aprenderás a usar el trabajo del espejo para sanar ciertas áreas específicas de tu vida. Comenzaremos por tu forma de empezar el día. ¿Sabías que la primera hora de la mañana es crucial? Lo que haces durante ese tiempo determina tu experiencia para el resto del día.

¿Cómo *has* empezado hoy el día? ¿Cuáles han sido tus primeras palabras al despertarte? ¿Te has quejado? ¿Has pensado en lo que no va bien en tu vida?

*Muchas veces la forma que tienes de empezar el día es lo que determina cómo vives.*

¿Qué es lo primero que te dices cuando te miras al espejo del cuarto de baño? ¿Qué dices cuando te duchas? ¿Qué dices cuando te vistes? ¿En qué estado sales de casa para ir a trabajar? ¿Simplemente sales por la puerta o dices algo bonito antes de hacerlo? ¿Qué haces cuando te metes en el coche? ¿Cierras la puerta de un portazo y refunfuñas por tener que ir a trabajar o bendices el tráfico durante tu desplazamiento?

Demasiadas personas empiezan el día con un: «¡Vaya, mierda! ¡Otro día más y tengo que levantarme, maldita sea!» Si tienes la costumbre de empezar con mal pie, jamás tendrás un buen día. Es imposible. Si te empeñas en hacer que tu mañana sea terrible, tu día también lo será.

Tengo una rutina que practico desde hace años. En cuanto me despierto, me acurruco en la cama un poco más y le doy las gracias a mi cama por la magnífica noche de sueño que me ha proporcionado. Estoy así unos minutos y empiezo el día con pensamientos positivos. Me digo cosas como: *Hoy es un buen día. Hoy va a ser un gran día.* Luego me levanto, voy al baño y le doy gracias a mi cuerpo por su buen funcionamiento.

También dedico unos minutos a estirarme. Tengo una barra de ejercicios instalada en la puerta del cuarto de baño que utilizo para colgarme de ella y estirar todo mi cuerpo. Me agarro a la barra y flexiono las rodillas hasta el pecho tres veces y luego me cuelgo de los brazos. Este estiramiento matinal me va muy bien para mantener la flexibilidad y la salud.

Después, hago unos cuantos estiramientos, me tomo una taza de té y vuelvo a la cama. Me encanta mi cama. Tengo un cabezal hecho a medida con un ángulo especial para poder apoyarme en él cuando leo o escribo.

Estirar mi cuerpo y mi mente es mi ritual matinal. Luego empiezo a levantarme. Intento concederme un par de horas antes de afrontar el resto del día. Me gusta hacer las cosas tranquilamente. He aprendido a tomarme mi tiempo.

Si eres madre o padre y estás muy ocupado porque has de preparar a tus hijos para ir al colegio o si has de entrar pronto a trabajar, es importante que dediques un poco de tiempo a empezar el día de la manera correcta. Yo preferiría levantarme más pronto para tener más tiempo por la mañana. Aunque sólo te dediques 10 o 15 minutos, es esencial. Es tu momento para cuidarte.

Cuando te levantas, es importante que hagas un ritual que te ayude a sentirte bien y que te digas algo agradable. Pon en marcha el mejor día posible para ti. No es necesario que realices estos cambios de golpe. Basta con que elijas un ritual por la mañana y empieces por ahí. Luego, cuando lo tengas muy por la mano, elige otro y sigue practicando. No te satures. Recuerda que de lo que se trata es de sentirte bien.

Afirma: *Hoy creo un nuevo día y un futuro maravillosos.*

## Ejercicio del trabajo del espejo para el día 13

1.  Al despertarte por la mañana y abrir los ojos, repite estas afirmaciones: *Buenos días, cama. Gracias por ser tan cómoda. Te amo. El día de hoy es una bendición. Todo está bien. Tengo tiempo para hacer todo lo que tengo previsto.*

2.  Ahora dedica unos minutos más a relajarte y permite que estas afirmaciones fluyan a través de tu mente. Luego, siéntelas en tu corazón y por todo tu cuerpo.

3.  Cuando estés preparado para levantarte, dirígete hacia el espejo de tu cuarto de baño. Mírate fijamente a los ojos. ¡Sonríe a la persona maravillosa, feliz y relajada que te está mirando!

4.  Repite las siguientes afirmaciones mirándote al espejo: *Buenos días, [nombre]. Te amo. Te amo de todo corazón. Hoy vamos a tener grandes experiencias.* Y luego dite algo bonito como: *Vaya, hoy te ves estupendamente. Tienes la mejor de las sonrisas. Te deseo un día fantástico.*

## El poder está dentro de ti:
## Tu ejercicio del diario para el día 13

1. Crea un ritual matinal para ti. Escribe todos los pasos que puedes dar para empezar el día de una forma positiva, alegre y que notes que te facilita la jornada.

2. Escribe dos o tres afirmaciones para cada uno de los pasos de tu ritual matinal. Escribe afirmaciones para vestirte, para prepararte el desayuno, para meterte en el coche e ir al trabajo.

3. Si quieres más ejemplos de afirmaciones para tu ritual diario, consulta las que encontrarás al final de *Tú puedes crear una vida excepcional*, el libro que escribí con Cheryl Richardson.

## Tu pensamiento del corazón para el día 13:
### *Abro las puertas a una nueva vida*

Estás de pie en el pasillo de la vida y detrás de ti se han cerrado muchas puertas. Las puertas representan cosas que ya no haces, dices o piensas, experiencias que ya no tienes. Por delante tienes un pasillo interminable lleno de puertas, cada una de ellas te abre a una experiencia nueva.

Visualízate avanzando y abriendo las puertas a experiencias maravillosas que te gustaría tener. Visualízate abriendo las puertas de la alegría, la paz, la curación, la prosperidad y el amor. Las puertas del entendimiento, la compasión y el perdón. Las puertas de la libertad. Las puertas del mérito propio y de la autoestima. Las puertas del amor hacia ti mismo. Lo tienes todo delante de ti. ¿Cuál abrirás primero?

Confía en que tu guía interior te está conduciendo de la mejor manera posible y que tu crecimiento espiritual nunca cesa. No importa qué puerta se abra o se cierre, siempre estás a salvo.

### Tu meditación para el día 13:
### Afirmaciones positivas para el amor
### *(día 13 de la descarga del audio)*

Permite que estas afirmaciones inunden tu conciencia, sabiendo que para ti son ciertas. Practícalas a menudo con alegría:

> *De vez en cuando, pregunto a mis seres queridos cómo puedo amarles mejor.*
>
> *Elijo ver con claridad con los ojos del amor. Amo lo que veo.*
>
> *Atraigo el amor y el romance a mi vida y lo acepto ahora.*
>
> *El amor está a la vuelta de la esquina y la alegría llena todo mi mundo.*
>
> *Me regocijo con el amor que recibo todos los días.*
>
> *Me siento bien mirándome al espejo y diciendo: «Te amo. Te amo de todo corazón».*

*Ahora me merezco el amor, el romance, la alegría y todo lo bueno que puede ofrecerme la vida.*

*Estoy rodeado de amor. Todo está bien.*

*Tengo una relación íntima maravillosa con una persona que realmente me ama.*

*Soy precioso y todo el mundo me ama.*

*Me saludan con cariño dondequiera que vaya.*

*Sólo atraigo relaciones sanas. Siempre me tratan bien.*

*Estoy muy agradecido por todo el amor que tengo en mi vida. Lo encuentro por todas partes.*

# Ámate a ti mismo: revisión de la segunda semana

*Hoy en tu trabajo del espejo revisarás tus progresos
y aprenderás a concederte más tiempo y a tener
más ánimos para realizar tu viaje.*

¡Qué orgullosa me siento de ti, querido lector! Has llegado al final de la segunda semana y sigues delante de tu amigo, el espejo, practicando y aprendiendo cada día las múltiples formas que tienes de reflejar el amor en tu vida. Te mereces tener amor, alegría y todo lo bueno que puede ofrecerte la vida.

Quizá todavía te sientas un poco ridículo o incómodo haciendo el trabajo del espejo. No pasa nada. Te animo a que tengas paciencia contigo mismo al hacer tus ejercicios diarios. El cambio puede ser difícil o fácil. Recuerda que es un viaje de autoestima, de aceptación y de reconocimiento de todo el esfuerzo que estás haciendo.

Has logrado mucho. Has visto cómo tu espejo te ayuda a ser mucho más consciente de lo que dices y lo que haces. Estás aprendiendo a deshacerte de todo lo que no necesitas. Eres más consciente de tu monólogo interior, escuchas cuidadosamente tus palabras y estás aprendiendo a darles la vuelta y a convertirlas en afirmaciones positivas. También estás intentando transformar a tu crítico interior en un admirador que te elogiará y premiará tus esfuerzos y compromiso de cambio con sus cumplidos. ¡Bien por ti!

Tu niño interior ha sido el tema de dos de las lecciones de la semana pasada y las has abordado con valor. ¡Bien por ti, otra vez! Te has presentado a tu niño interior y estás empezando a entender lo que siente este pequeño. También has encontrado tiempo para tenerle en tus brazos y hacerle saber que está a salvo y que le quieres. Estoy muy orgullosa de que hayas dado este gran paso hacia amarte más a ti mismo.

Después de las primeras 14 lecciones estás descubriendo cómo refleja tu cuerpo tus pensamientos y creencias. Estás empezando a prestar atención a sus mensajes. Estás empezando a alimentarlo con los alimentos nutritivos que necesita: fomentando pensamientos y afirmaciones positivas. También estás notando lo bien que puedes sentirte cuando expresas tus verdaderos sentimientos y emociones, aunque sean negativos. También has de felicitarte por el duro trabajo y los ejercicios que estás haciendo para no proyectar ira en los demás. Ésta es una experiencia que puede cambiar tu vida realmente.

Al observar tus miedos y afrontarlos con el trabajo del espejo, esta semana has aprendido otra lección muy importante: *tú no eres tus miedos*. El miedo no es más que una limitación mental. Siempre puedes elegir entre el amor y el miedo.

También has estado practicando uno de mis principios favoritos: *La forma en que empiezas el día suele reflejar cómo vives tu vida*. Me alegra mucho saber que te estás esforzando para empezar el día con pensamientos positivos. Esto crea una tónica positiva para el resto de tu hermoso día.

¿Quieres comprobar cuánto has aprendido en tan sólo 14 días? Sigue dándote ánimos durante esta nueva experiencia del trabajo del espejo. Recuerda que siempre estoy a tu lado.

Afirma: *Estoy aquí, mundo, abierto y receptivo a todas las cosas maravillosas que me está enseñando este curso del trabajo del espejo.*

### Ejercicio del trabajo del espejo para el día 14

1.  Busca una foto tuya de cuando eras pequeño, de un día en que fuiste muy feliz. Quizá tienes alguna de una fiesta de cumpleaños, haciendo alguna actividad con tus amigos o visitando uno de tus lugares favoritos.

2. Pega la foto en el espejo de tu cuarto de baño.

3. Habla a ese niño o niña feliz y vital de la foto. Dile cuánto te gustaría volver a sentirte así. Comenta con tu niño interior cuáles son tus verdaderos sentimientos y qué es lo que te lo impide.

4. Repite estas afirmaciones en voz baja: *Estoy dispuesto a liberarme de todos mis miedos. Estoy a salvo. Amo a mi niño interior. Te amo. Soy feliz. Estoy contento. Y me siento amado.*

5. Repítelas diez veces.

### El poder está dentro de ti: Tu ejercicio del diario para el día 14

1. Saca tu diario y ábrelo por el primer ejercicio que hiciste el día 7.

2. Lee los sentimientos y las observaciones que escribiste cuando hiciste tu trabajo del espejo ese día.

3. Escribe en una página nueva tus sentimientos y observaciones de hoy, después de haber finalizado la segunda semana del trabajo del espe-

jo. ¿Te están resultando más fáciles los ejercicios? ¿Te sientes más cómodo mirándote al espejo?

4. Escribe en qué áreas estás teniendo más éxito. Escribe cuáles son las que te causan más problemas.

5. Crea un nuevo ejercicio del espejo y afirmaciones que te ayuden a superar esas áreas en las que todavía estás bloqueado.

**Tu pensamiento del corazón para el día 14:**
*Estoy dispuesto a ver sólo mi grandeza*

Elige eliminar de tu mente y de tu vida todas las ideas y los pensamientos negativos y destructivos que te asusten. No escuches más ni te conviertas en parte de tus pensamientos o monólogos dañinos. Hoy nadie puede hacerte daño porque te niegas a creer que pueden herirte. Te niegas a refocilarte en emociones perjudiciales, por justificadas que te parezcan. Te elevas por encima de cualquiera que intente enfurecerte o asustarte. Los pensamientos destructivos no tienen poder sobre ti.

Sólo piensas y dices lo que deseas crear en tu vida. Estás capacitado de sobra para todo lo que has de hacer. Eres uno con el Poder que te ha creado. Estás a salvo. Todo está bien en tu mundo.

## Tu meditación para el día 14: Siente tu poder
### *(día 14 de la descarga del audio)*

Dale la bienvenida al día de hoy con los brazos abiertos y con amor. Siente tu poder. Siente el poder de tu respiración. Siente el poder de tu voz. Siente el poder de tu amor. Siente el poder de tu perdón. Siente el poder de tu voluntad de cambio.

Eres precioso. Eres un ser divino y majestuoso. Te mereces *todo* lo mejor. Siente tu poder y reconcíliate con él porque estás a salvo.

# TERCERA SEMANA

# Perdónate a ti mismo y a quienes te han herido

*La lección de hoy es sobre el perdón: perdonarte a ti mismo y a las personas que te han herido, para que tu corazón se abra a una nueva dimensión de amarte a ti mismo.*

Durante las dos últimas semanas has estado trabajando para liberarte de muchas de las viejas creencias que te bloquean. Sé que no ha sido tarea fácil, así que concédete un tiempo para celebrar tus progresos. ¿Cómo te sientes hoy al mirarte al espejo y sentirte más ligero? Inspira profundo. Ahora, suelta el aire y di: «¡Ah! ¡Estoy dejando atrás mi pasado y me siento de maravilla!»

El perdón es un tema difícil para todos. Vamos construyendo los ladrillos que no nos dejan movernos durante muchos años. Dame la mano y hagamos juntos el trabajo de aprender a perdonarnos y a perdonar a quienes nos han hecho daño. Tú puedes hacerlo.

El perdón nos abre el corazón a la autoestima. Si te cuesta quererte, puedes quedarte bloqueado en el rencor. Muchos arrastramos rencillas durante años. Nos sentimos ofendidos por lo que alguien nos dijo o hizo. Yo lo llamo estar encarcelado en la prisión del resentimiento justificado. Tenemos razón, pero nunca somos felices.

Puede que no estés de acuerdo y pienses: «Pero no sabes lo que me *hizo* esa persona. Es imperdonable». Ser incapaz de perdonar es uno de las peores obstáculos que puedes tener. La amargura es como tragarse una cucharadita de veneno todos los días. Se va acumulando y te va deteriorando. Es imposible estar sano y libre si sigues atado al pasado.

Una de las lecciones espirituales más grandes que puedes aprender es comprender que todo el mundo hace lo que puede en cada momento. Las personas sólo pueden actuar con el entendimiento, nivel de conciencia y conocimiento que tienen en ese momento. Aquellas que maltratan a otras, siempre han sido maltratadas de pequeñas. A más violencia, más sufrimiento interno y más probable es que pierdan el control. Esto no quiere decir que su conducta sea aceptable o justificable. No obstante, para tu propio crecimiento espiritual es necesario que seas consciente de tu sufrimiento.

El incidente al que te estás aferrando ya pasó, tal vez hace mucho tiempo. Déjalo ir. Permítete ser libre. Sal de esta prisión personal que te has construido y deja que te dé la luz de la vida. Si la situación continúa, pregúntate por qué piensas tan poco en ti mismo como para seguir soportando eso. ¿Por qué permaneces en esa situación?

Puedes elegir entre seguir bloqueado y amargado o hacerte un favor a ti mismo perdonando el pasado y dejándolo atrás, para seguir avanzando y crear una vida llena de alegría y sentido. En tu mano tienes la posibilidad de hacer con ella lo que desees, porque tienes libre albedrío.

El propósito de la lección de hoy es ayudarte a subir tu autoestima hasta tal grado que sólo permitas experiencias amables en tu vida. Por favor, no malgastes tu tiempo intentando vengarte. No funcionará. Lo que das es lo que recibes. Suelta tu pasado y trabaja en amarte a ti mismo ahora. Entonces, tendrás un futuro maravilloso.

Una de las lecciones más valiosas que he aprendido es que cuando haces tu trabajo del perdón no es necesario hablar con las personas que te han ofendido para decirles que las perdonas. A veces querrás hacerlo, pero no es necesario. El principal trabajo del perdón has de hacerlo en tu corazón y delante de tu espejo.

Recuerda: el perdón rara vez es para los demás. Es para ti.

Hay muchas personas que me han dicho que realmente han perdonado a alguien y al cabo de un mes o dos han recibido una llamada telefónica o un correo electrónico de esa persona, pidiéndoles que la perdonara. Esto parece que suele pasar cuando los ejercicios del perdón se hacen delante del espejo. Cuando hagas tu trabajo del espejo en la lección de hoy, atrévete a experimentar tus sentimientos en toda su profundidad.

Afirma: *Cuando me perdono a mí mismo, me resulta más fácil perdonar a los demás.*

### Ejercicio del trabajo del espejo para el día 15

Creo que cuando haces tu trabajo delante de un espejo recibes los máximos beneficios del perdón. Te aconsejo que busques un espejo delante del cual te puedas sentar cómodamente. A mí me gusta usar el espejo largo que tengo en la parte de atrás de la puerta de mi dormitorio. Resérvate tiempo para hacer este ejercicio. Y probablemente querrás repetirlo con frecuencia. La mayoría tenemos muchas personas a quienes perdonar.

1. Siéntate delante de tu espejo y cierra los ojos. Respira profundo varias veces. Encuentra la estabilidad en tu silla.

2. Piensa en todas las personas que te han herido emocionalmente en tu vida. Déjalas pasar por tu mente. Ahora abre los ojos y empieza a hablar con todas, una por una, en voz alta. Diles lo siguiente: «Me hiciste mucho daño. Pensé que nunca lo superaría. Sin embargo, no estoy dispuesto a seguir anclado en el pasado. Estoy dispuesto a perdonarte». Si todavía no puedes

hacerlo, simplemente afirma: *Estoy dispuesto*. Tu disposición es lo único que necesitas para acercarte al perdón.

3. Respira y dile a la persona: «Te perdono. Te dejo libre». Vuelve a respirar y di: «Eres libre. Soy libre».

4. Observa cómo te sientes. Puede que notes resistencia o alivio. Si sientes lo primero, respira y afirma: *Estoy dispuesto a abandonar toda resistencia*.

5. Mientras sigues haciendo el ejercicio, hoy u otro día, amplía tu lista de personas que quieres perdonar. Recuerda: el perdón no es un acontecimiento; es un progreso. Puede que te cueste más perdonar a una persona que a otra, pero cada vez irás profundizando un poco más en el perdón.

A lo mejor un día puedes perdonar a varias personas. Quizás otro día sólo puedas perdonar a una. Eso es irrelevante. Sea cual fuere la forma en que practiques este ejercicio, será la mejor para ti. El universo y el perdón saben que lo estás intentando. A veces perdonar es como pelar las capas de una cebolla. Si hay demasiadas capas, deja a un lado la cebolla durante uno o dos días. Siempre puedes volver y pelar otra capa. Reconócete el mérito de estar dispuesto a hacer este ejercicio. Estás en pleno proceso de sanación.

### El poder está dentro de ti:
### Tu ejercicio del diario para el día 15

1. Pon música suave, algo que te ayude a relajarte y a estar en paz. Ahora coge tu diario y un bolígrafo y dale rienda suelta a tu mente.

2. Vuelve al pasado y piensa en todas aquellas cosas de ti que te molestan. Anótalas. Anótalas *todas*. Puede que descubras que nunca te has perdonado por la humillación de orinarte en los pantalones cuando ibas a primero. ¡Cuánto tiempo llevando esa carga!

3. Ahora toma esta lista y escribe una afirmación positiva por cada una de ellas. Si has escrito, *Jamás me perdonaré por [incidente]*, luego tu afirmación podría ser, *Ésto es otra situación. Puedo liberarme de ésto.* Recuerda que a veces es más fácil perdonar a otros que a uno mismo. Con frecuencia nos exigimos ser perfectos y somos más duros con nosotros mismos que con los demás. Sin embargo, ha llegado el momento de dejar atrás esta vieja actitud. Perdónate. Déjalo ir. Concédete espacio para la espontaneidad y la libertad.

4.  Ahora deja tu diario y sal: ve a la playa, a un
    parque o incluso a un solar vacío, a un lugar
    donde puedas correr. No me refiero a que ha-
    gas *jogging*; sino a que corras libre y salvaje-
    mente. Haz volteretas. ¡Ve sorteando a la gen-
    te por la calle y ríete haciéndolo! Sal con tu
    niño interior y diviértete. ¿Y si te ve alguien?
    ¡Esto es para que te sientas libre!

### Tu pensamiento del corazón para el día 15:
### *Puedo perdonar*

Soy uno con la vida y ésta me ama y me apoya. Por consiguiente, reclamo tener el corazón abierto y lleno de
amor. Todos hacemos lo que podemos en cada momento y eso también va por mí. El pasado, pasado está. No
soy mis padres ni sus patrones de resentimiento. Soy mi
propio yo único y elijo abrir mi corazón y permitir que
el amor, la compasión y el entendimiento limpien todos
los recuerdos del sufrimiento pasado. Soy libre para ser
todo lo que quiero ser. Ésta es la verdad de mi ser y así lo
acepto. Todo está bien en mi vida.

### Tu meditación para el día 15: Para el perdón
#### (día 15 de la descarga del audio)

Aquí tienes algunas afirmaciones positivas para el perdón. Repítelas a menudo.

*La puerta de mi corazón se abre hacia dentro. El perdón se convierte en amor.*

*A medida que voy cambiando mi forma de pensar, también cambia el mundo que me rodea.*

*El pasado, pasado está, ha perdido su poder. Los pensamientos de este momento crean mi futuro.*

*No es divertido ser una víctima. Me niego a seguir sintiéndome indefenso. Reclamo mi poder.*

*Me concedo el don de liberarme del pasado y vivo en la dicha del presente.*

*No hay problema grande o pequeño que no pueda ser resuelto con amor.*

*Estoy dispuesto a curarme, estoy dispuesto a perdonar y todo está bien.*

*Sé que los patrones viejos y negativos ya no me condicionan. Los dejo atrás sin esfuerzo.*

*Al perdonarme a mí mismo, me resulta más fácil perdonar a los demás.*

*Me perdono por no ser perfecto. Vivo de la mejor manera que sé en estos momentos.*

*Ahora me siento seguro para liberarme de todos los traumas de mi infancia y vivir en el amor.*

*Perdono a todas las personas de mi pasado por todo lo que percibí como errores. Las dejo marchar con amor.*

*Todos los cambios de la vida que tengo por delante son positivos y estoy a salvo.*

# Sana tus relaciones

*Hoy aprenderás a desapegarte
de una antigua pareja amorosa, a sanar
una relación rota y a buscar un nuevo amor.*

El perdón es el elixir mágico que todos andamos buscando. Probablemente, hoy te sientes más ligero y más atractivo. Celebra tu libertad y rodéate de amor.

En realidad, el amor es nuestro tema de hoy. Puede que desees liberarte del vínculo que todavía mantienes con una antigua pareja, sanar una relación rota o quizás estés buscando una nueva. Quisiera que ahora te miraras al espejo. ¿Estás viendo a esa persona maravillosa y cariñosa que te está mirando? Es la persona más importante que conoces: ¡tú!

Si quieres sanar una relación, la primera relación que has de mejorar es la que tienes contigo mismo. ¿Por qué iba a querer otra persona estar contigo si *tú* no quieres estarlo? Cuando eres feliz contigo mismo, todas las demás relaciones también mejoran. Una persona feliz resulta muy atractiva. Si estás buscando más amor, has de amarte más a ti mismo. Es así de simple.

Esto implica que no te has de criticar, ni quejar, ni culpar, ni lamentarte y no elegir sentirte solo. Significa estar muy satisfecho contigo mismo en el momento presente y elegir pensamientos que te hagan sentirte bien *ahora.*

No hay una sola forma de amar, puesto que cada persona vive el amor a su manera. Algunas personas, para sentir el amor de verdad, necesitamos *sentirlo* a través de abrazos y del tacto. Otras necesitan *escuchar* las palabras *Te quiero.* Otras, sin embargo, necesitan *ver* una demostración de amor, como recibir un ramo de flores. Normalmente, nuestra manera favorita de recibir amor es la forma en que nos sentimos más cómodos demostrándolo.

Te aconsejo que uses el espejo y que todos los días trabajes lo de amarte a ti mismo. Aprovecha cualquier oportunidad para repetir tus afirmaciones amorosas. Demuéstrate ese amor creciente que sientes por ti. Trátate como si tuvieras un romance contigo mismo. Mímate. Demuéstrate lo especial que eres. La vida siempre refleja lo que sentimos en nuestro interior. A medida que vas desarrollando tu amor y romance interior, la persona correcta para compartir esa intimidad que estás desarrollando se sentirá atraída hacia ti como si fuera un imán.

Si quieres cambiar tus pensamientos de soledad por pensamientos de satisfacción, has de crear un entorno mental agradable dentro y fuera de ti. Deshazte de todos los pensamientos negativos sobre el amor o el romance. Comparte amor, aprobación y aceptación con todas las personas que conoces.

Cuando te ames verdaderamente tal como eres, permanecerás centrado, tranquilo y seguro, y tus relaciones en casa y en el trabajo serán maravillosas. Te darás cuenta de que reaccionas a las personas y situaciones de otra forma. Asuntos que tiempo atrás te parecían de suma importancia, ya no lo son tanto. Entrarán personas nuevas en tu vida y quizá desaparecerán algunas. Al principio esto puede asustar, pero también puede ser un soplo de aire fresco y resultar apasionante.

Recuerda: cuando tengas pensamientos alegres, serás una persona feliz. Todo el mundo querrá estar contigo y todas tus relaciones mejorarán y florecerán.

Afirma: *En lo más profundo de mi ser hay un pozo de amor inagotable. Yo soy amor.*

### Ejercicio del trabajo del espejo para el día 16

1. Vuelve a tu lección del trabajo del espejo del día 2.

2. Ponte delante del espejo.

3. Mírate fijamente a los ojos y repite estas afirmaciones: *Te amo. Te amo de todo corazón.*

4. Esta vez utiliza tu nombre, mírate fijamente a los ojos y di: *Te amo, [nombre]. Te amo de todo corazón.* Vale la pena repetir constantemente estas afirmaciones.

5. Si tienes problemas con las relaciones, mírate a los ojos, respira profundo y di: *Estoy dispuesto a liberarme de mi necesidad de tener relaciones que no me aportan nada bueno ni me respaldan.* Repítela cinco veces delante del espejo, y cada vez que lo hagas, dale más sentido. Piensa en relaciones específicas cuando lo hagas.

**El poder está dentro de ti:**
**Tu ejercicio del diario para el día 16**

1. Escribe en tu diario cómo sentías el amor cuando eras pequeño. ¿Se expresaban amor y afecto tus padres? ¿Te abrazaban mucho? ¿Quedaba oculto el amor en tu familia detrás de las peleas, los llantos o el silencio?

2. Escribe diez afirmaciones de amor y practícalas delante del espejo. A continuación tienes algunos ejemplos: *Me merezco ser amado. Cuanto más me abro al amor, más seguro me siento. Hoy recuerdo que la vida me ama. Dejo que el amor me encuentre en el momento perfecto.*

3. Escribe diez cosas que te gustaría hacer. Elige cinco de ellas y hazlas hoy.

4. Dedica varias horas a mimarte: cómprate flores, regálate una comida especial y sana, demuéstrate lo especial que eres.

5. ¡Esta semana repite el paso 3 cada día!

### Tu pensamiento del corazón para el día 16: *Vivo en un círculo de amor*

Envuelve a tu familia en un círculo de amor, tanto si tus familiares están vivos como si ya han fallecido. Amplía el círculo e incluye a tus amigos y amigas, a tus seres queridos, a tus compañeros y compañeras de trabajo, a todas las personas que han formado parte de tu pasado y a todas las personas que te gustaría perdonar, pero no sabes cómo. Afirma que tienes relaciones maravillosas y armoniosas con todas ellas, en las que reina el respeto y el mutuo interés por el bienestar del otro.

Sabe que puedes vivir con dignidad, paz y alegría. Deja que este círculo de amor envuelva a todo el planeta y ahora abre tu corazón y deja espacio en tu interior para el amor incondicional.

## Tu meditación para el día 16: El amor es curativo
### *(día 16 de la descarga del audio)*

El amor es la fuerza sanadora más fuerte que existe. Envía a todas las personas que conoces mucho consuelo, aceptación, apoyo y amor. Cuando envíes estos pensamientos sé consciente de que volverán a ti.

Visualiza el círculo de amor acogiendo a tus familiares, vivos o fallecidos, a tus amigos y amigas, compañeros y compañeras de trabajo y a todas las personas de tu pasado. Inclúyete en el círculo. Tú también te mereces ese amor. Eres hermoso. Eres poderoso. Muéstrate receptivo a todo lo bueno y al amor incondicional que tienes dentro. Afirma:

*Estoy abierto al amor.*

*Estoy dispuesto a amar y a recibir amor.*

*Veo que prospero. Veo que estoy sano. Me siento realizado creativamente.*

*Tengo relaciones maravillosas y armoniosas donde reinan el respeto y el mutuo interés por el bienestar del otro.*

# Vive sin estrés

*El estrés es una reacción de miedo a la vida y a sus constantes cambios. Hoy aprenderás a dejar de estresarte.*

Por vuestras cartas y comentarios en mi perfil de Facebook, he podido observar que sois muchos los que estáis sometidos a un gran estrés en vuestra vida. ¿Sabéis por qué estáis tan estresados?

El estrés es una reacción de miedo a la vida y al inevitable cambio constante. La palabra *estrés* se ha convertido en una muletilla: la utilizamos como excusa para no responsabilizarnos de nuestros sentimientos, principalmente del miedo. Pero si equiparas *estrés* con *miedo* (y entiendes que en realidad el estrés es una reacción de miedo) podrás empezar a eliminar la *necesidad* de tener estrés.

Una persona relajada y tranquila no está asustada ni estresada. Si tienes estrés, pregúntate de qué tienes miedo. La mayoría de las personas tienen una larga lista de preocupaciones de carácter laboral, económico, familiar y de salud. Entonces tu preocupación será cómo eliminar el miedo y andar por la vida sintiéndote seguro. Puedes empezar por hacer tu trabajo del espejo y practicar afirmaciones positivas. Cuando lo hagas, podrás sustituir tus pensamientos negativos y restrictivos por pensamientos positivos que generen paz, alegría, armonía y una vida sin estrés.

Hay una expresión que me gusta mucho usar: *la totalidad de las posibilidades*. La aprendí de uno de mis primeros maestros en Nueva York. Esta expresión siempre supuso para mí un punto de partida para dejar que mi mente fuera más allá de lo que me parecía posible, mucho más allá de las creencias limitadas con las que fui educada.

De niña no entendía hasta qué punto no me merecía gran parte de las críticas que me hacían mis mayores. Era su reacción a un día estresante o decepcionante. Pero yo las aceptaba como buenas, y los pensamientos y creencias negativos que asumí como válidos se convirtieron en limitaciones que me condicionaron durante muchos años. Puede que no pareciera una persona difícil, tonta ni estúpida, pero te aseguro que me sentía así.

La mayor parte de nuestras creencias respecto a la vida y a nosotros mismos se forman en torno a los cinco años. Puede que las ampliemos un poco cuando somos adolescentes y quizás un poco más cuando nos hacemos más mayores, pero después de esa edad los cambios que se producen no son muy significativos. Si te preguntara por qué guardas cierta creencia, lo más probable es que te remontaras a una decisión que tomaste de niño.

Así que vivimos con las limitaciones de la conciencia de un niño de cinco años. Estas limitaciones suelen impedir que experimentemos y expresemos la totalidad de las posibilidades. Pensamos cosas como: *No soy lo bastante inteligente. No soy una persona organizada. Estoy demasiado ocupado. No tengo suficiente tiempo.* ¿Cuántos estáis dejando que vuestras creencias limitadoras os condicionen?

Tenéis la oportunidad de aceptar estas limitaciones o trascenderlas. Recuerda: las limitaciones que sientes sólo están en tu mente y nada tienen que ver con la realidad. Cuando sepas cómo deshacerte de tus creencias limitadoras y adentrarte en la totalidad de las posibilidades, descubrirás que *eres* lo bastante bueno, que *tienes* lo que hace falta, puedes manejar todo lo que se te presenta en la vida y tienes todo el tiempo que necesitas. También descubrirás que puedes reconocer las posibilidades y que eres capaz de hacer grandes cosas.

Afirma: *Cada día voy ganando más confianza en mí mismo y soy más hábil. Mis habilidades no tienen límites.*


### Ejercicio del trabajo del espejo para el día 17

1.  Para este ejercicio me gustaría que empezaras sentándote en una silla cómoda con las manos sobre la falda y los pies bien apoyados sobre el suelo. Ahora cierra los ojos y respira lento y profundo tres veces. Inspira y espira despacio.

Inspira, espira. Imagina que llevas un abrigo de tensión y de miedo. Imagina que te desabrochas los botones, que te quitas el abrigo de los hombros y dejas que vaya resbalando por tus brazos hasta aterrizar en el suelo. Siente que el miedo y la tensión salen de tu cuerpo. Siente que se relajan tus músculos. Deja que se relaje todo tu cuerpo.

2. Ahora coge tu espejo de bolsillo y mírate fijamente a los ojos. Di: *Libero todo mi miedo. Suelto toda la tensión. Estoy tranquilo. Mi derecho divino es vivir sin estrés.* Sigue repitiendo estas afirmaciones una y otra vez.

3. Cierra los ojos y dedica unos minutos más a respirar profundamente. Repite estas afirmaciones: *Creo en MÍ. Soy una persona capaz. Puedo hacerlo. Puedo afrontar todo lo que me suceda. Creo en mis posibilidades.*

4. Cada vez que te veas reflejado en el espejo en el día de hoy repite estas afirmaciones: *Estoy tranquilo. Tengo todo el tiempo que necesito. Fluyo con la vida con facilidad y sin esfuerzo.*

## El poder está dentro de ti:
## Tu ejercicio del diario para el día 17

1.  Cierra los ojos y retrocede hasta tu pasado. Visualízate como un niño de cinco años. ¿Dónde estás? ¿En la escuela? ¿En casa? ¿Qué es lo que te gusta hacer? ¿Cuál es tu visión del mundo? Abre los ojos y escribe lo que se te pase por la mente.

2.  ¿Recuerdas alguna de las preocupaciones o creencias negativas que tenías a esa edad? ¿Recuerdas algún sentimiento que te hiciera sufrir? Anótalos todos.

3.  Al lado de todas las creencias que has anotado en el paso 2, escribe las verdaderas razones de su existencia. Quizá tus padres habían tenido un mal día en su trabajo y te dijeron algo que no era cierto. Tal vez un amigo de la infancia que no se sentía querido decidió meterse contigo. Escribe todos tus pensamientos en tu diario.

4.  Haz una lista de todas las cosas que te causan estrés esta semana. ¿Tiene alguna de ellas relación con los pensamientos limitadores de la conciencia de cinco años? Dedica unos minutos a escribir tus pensamientos y reflexiones más íntimos.

## Tu pensamiento del corazón para el día 17:
### *Experimento la totalidad de las posibilidades en mi interior*

¿Qué significa para ti *la totalidad de las posibilidades*? Interprétalo como trascender todas tus limitaciones. Deja que tu mente vaya más allá de pensamientos como: *No se puede hacer. No funcionará. No hay suficiente tiempo. Hay demasiados obstáculos.*

Recuerda cuántas veces has expresado estas limitaciones: *No puedo hacer esto porque soy una mujer. No puedo hacer esto porque soy un hombre. No tengo lo que se necesita.* Te aferras a las limitaciones porque son importantes para ti. Pero las limitaciones te impiden expresarte y experimentar la totalidad de las posibilidades. Cada vez que piensas *No puedo*, te estás autolimitando. ¿Estás dispuesto a trascender tus creencias actuales?

## Tu meditación para el día 17:
### Afirmaciones para una vida sin estrés
### *(día 17 de la descarga del audio)*

Lo único que hacen los pensamientos negativos y el miedo es aumentar tu estrés. A continuación tienes algunas afirmaciones que puedes repetir dondequiera que estés (delante del espejo, en el coche, en tu mesa de trabajo) cuando empiecen a surgir pensamientos negativos:

*Me libero de todos mis miedos y mis dudas, y mi vida se vuelve simple y fácil.*

*Creo para mí un mundo sin estrés.*

*Inspiro y espiro lentamente, relajándome más y más cada vez que respiro.*

*Soy una persona capaz y puedo afrontar todo lo que me sucede.*

*Estoy centrado, enfocado y cada día me siento más seguro.*

*Estoy a salvo expresando lo que siento.*

*Puedo conservar la calma en cualquier situación.*

*Confío en mí mismo para afrontar los problemas que surgen durante el día.*

*Me doy cuenta de que el estrés no es más que miedo. Ahora me libero de todos mis miedos.*

# Recibe tu prosperidad

*¿Eres un imán para los milagros, el dinero, la prosperidad*
*y la abundancia? Hoy aprenderás cómo serás*
*cuando estés abierto a recibir.*

Es un buen momento para repasar las notas que escribiste en tu diario al comenzar este curso. ¿Has visto cuánto has aprendido? ¿Puedes comprobar si te sientes más cómodo repitiendo las afirmaciones delante del espejo? ¡Eres un imán para los milagros!

¿Crees también que eres un imán para el dinero, la prosperidad y la abundancia? En el mundo hay mucha abundancia a la espera de que la experimentes. Hay más dinero del que puedes llegar a gastar. Hay más felicidad de la que puedes llegar a imaginar. Hay más personas de las que puedes llegar a conocer. Si consigues entender esto realmente, te darás cuenta de que conseguirás todo lo que necesitas y deseas.

El Poder que hay en nuestro interior está deseando proporcionarnos nuestros sueños más entrañables y una tremenda abundancia al instante. ¿Estás abierto para recibirlo? Si deseas algo, el Universo no dice: «Me lo pensaré». Responde rápidamente y te envía lo que has pedido. Pero has de estar abierto y preparado para recibirlo.

En ocasiones he observado que cuando las personas vienen a mis conferencias se sientan con los brazos cruzados. ¿Cómo van a dejar entrar nada con esa postura? El gesto de abrir los brazos de par en par es maravilloso, el Universo se da cuenta y responde.

Te invito a que empieces ahora. Ponte de pie, abre tus brazos de par en par y di: *Estoy abierto y receptivo a todo lo bueno y a la abundancia del Universo.* ¡Ahora dilo bien alto para que todo el mundo pueda oírlo!

La prosperidad puede significar muchas cosas: dinero, amor, éxito, comodidad, belleza, tiempo y conocimiento. Creas prosperidad hablando y pensando sobre tu abundancia. No puedes crearla hablando sobre tus carencias ni pensando en ellas. Cuando te concentras en la carencia, creas más carencia. Pensar en la pobreza trae más pobreza. Los pensamientos de agradecimiento generan más abundancia.

El trabajo del espejo es un instrumento muy poderoso que te ayudará a generar más prosperidad en tu vida. Cuando permites que la abundancia del Universo fluya a través de tus experiencias, puedes recibir todo lo que deseas. ¡Sólo hace falta práctica y tu espejo!

Todo lo que das regresa a ti. Siempre. Si quitas a la vida, la vida te quitará a ti. Es así de simple. Quizá pienses que no robas, pero ¿tienes en cuenta los clips y los sellos que te llevas de la oficina? ¿Eres una persona que roba tiempo o respeto a los demás? Todas estas cosas le están diciendo al Universo: «Realmente no me merezco las cosas buenas de la vida. Tengo que cogerlas a hurtadillas, robarlas».

Sé consciente de las creencias que puede que estén bloqueando el flujo de dinero y prosperidad en tu vida. Ahora usa tu trabajo del espejo para cambiar esas creencias y crear nuevos pensamientos de abundancia. Lo mejor que puedes hacer si tienes problemas económicos es desarrollar el pensamiento de prosperidad.

Hay dos afirmaciones de prosperidad que he utilizado durante muchos años y que me han ido muy bien. También te funcionarán a ti. Son las siguientes: *Mis ingresos aumentan constantemente* y *Prospero dondequiera que voy*.

Cuando te suceda algo bueno en la vida, dile: «¡Sí!» Ábrete a recibir cosas buenas. Di «¡Sí!» a tu mundo a esas cosas buenas. Las oportunidades y la prosperidad se multiplicarán por cien. Una vez al día, ponte de pie con los brazos abiertos de par en par y di con alegría: *Estoy abierto y receptivo a toda la abundancia del Universo. Gracias, vida.* La vida te escuchará y te responderá.

Afirma: *La vida cubre todas mis necesidades en abundancia. Confío en la vida.*

## Ejercicio del trabajo del espejo para el día 18

1. Hoy vas a concentrar tu trabajo del espejo en recibir prosperidad. Ponte de pie con los brazos abiertos y di: Estoy abierto y receptivo a todo lo bueno.

2. Ahora mírate al espejo y vuelve a decir: *Estoy abierto y receptivo a todo lo bueno.* Deja que fluyan las palabras desde tu corazón: *Estoy abierto y receptivo a todo lo bueno.*

3. Repite diez veces más esta afirmación.

4. Observa cómo te sientes. ¿Te sientes liberado? Haz este ejercicio cada mañana hasta que termines este curso del trabajo del espejo. Es una forma excelente de reforzar tu conciencia de prosperidad.

## El poder está dentro de ti: Tu ejercicio del diario para el día 18

1. ¿Cuáles son tus creencias respecto al dinero? Vuelve al espejo. Mírate a los ojos y di: *Mi mayor temor respecto al dinero es [rellena tu temor].* Escribe la respuesta y la razón de por qué te sientes así.

2.  ¿Qué aprendiste sobre el dinero de pequeño? ¿Cómo manejaba el dinero tu familia? ¿Cómo lo manejas tú? Escribe tus pensamientos. ¿Observas algún patrón?

3.  Ahora trabaja un poco más con tu diario para desarrollar el pensamiento de prosperidad. Escribe cómo sería tener todo lo que siempre has deseado. ¿Qué sería? ¿Cómo sería tu vida entonces? ¿Adónde viajarías? ¿Qué harías? Siéntelo. Disfrútalo. Sé creativo y *diviértete*.

**Tu pensamiento del corazón para el día 18:**
*Soy una persona sí*

Sé que soy uno con toda forma de vida. Estoy rodeado e impregnado de la Sabiduría Infinita. Por lo tanto, confío plenamente en que el Universo me apoyará de todas las maneras positivas posibles. Todo lo que puedo necesitar ya está aquí esperándome. Este planeta contiene más alimentos de los que podría comer. Hay más dinero del que podría gastar. Más personas de las que podría conocer. Más amor del que podría experimentar. Más alegría de la que podría imaginar. El mundo tiene todo lo que necesito y deseo. Este mundo tiene todo lo que necesito y deseo. Es mío para usarlo y tenerlo.

La Mente Unitaria Infinita, la Inteligencia Unitaria Infinita, siempre me dice *sí*. No importa lo que elija creer, pensar o decir, el Universo siempre dice *sí*. No malgasto mi tiempo en pensamientos ni temas negativos. Elijo verme a mí mismo y a la vida de la manera más positiva posible.

¡Digo *Sí* a las oportunidades y a la prosperidad! ¡Digo *Sí* a lo bueno! ¡Soy una persona *Sí*, que vive en un mundo *Sí* y que recibe la respuesta *Sí*! El Universo y yo nos alegramos de que así sea.

Doy las gracias por ser uno con la Sabiduría Universal y tener el respaldo del Poder Universal.

### Tu meditación para el día 18: Recibir prosperidad
*(día 18 de la descarga del audio)*

Nunca crearás prosperidad hablando o pensando en la falta de dinero. Esta forma de pensar es una pérdida de tiempo y no puede aportarte abundancia. Vivir en la carencia sólo crea más carencia. Pensar en la pobreza sólo genera más pobreza. Los pensamientos de gratitud generan abundancia.

Hay unas cuantas actitudes y afirmaciones que garantizan una prosperidad increíble. Envidiar a otras personas porque tienen dinero es como crear un muro entre el dinero y tú. Y afirmaciones negativas como *Nunca hay suficiente dinero* y *El dinero sale con más facilidad de la que entra* son una de las peores formas de pensamiento de pobreza. El Universo sólo puede responder a lo que tú crees respecto a ti y la vida. Revisa tus pensamientos negativos respecto al dinero y libérate de ellos. No te han hecho un buen servicio en el pasado ni te lo harán en el futuro.

De vez en cuando puedes comprar un número de la lotería por diversión, pero no te entusiasmes demasiado en que te toque el gordo y que así resolverás tus problemas. Éste es un pensamiento de escasez y no creará nada bueno ni duradero. Ganar un premio de la lotería rara vez trae cambios positivos en la vida de las personas. De hecho, la mayoría de las personas a las que les toca pierden casi todas sus ganancias en los dos primeros años y muchas veces incluso se quedan en peor situación económica que antes de que les tocara. Si piensas que si te tocara la lotería resolverías tus problemas, estás muy equivocado, porque eso no conlleva un cambio de conciencia. En realidad, le estás diciendo al Universo: *No me merezco tener suerte en la vida a no ser que sea por casualidad.* Si cambias tu forma de pensar para permitir que la abundancia del Universo fluya a través de tus experiencias, podrás tener todas las cosas que crees que podrías conseguir con la lotería. Y estarás preparado para conservarlas, porque al cambiar tu conciencia te las habrás ganado por mérito propio.

*Afirmar, declarar, merecer* y *permitir* son los pasos necesarios para atraer una riqueza mucho mayor de la que podrías conseguir si te tocara la lotería. Abre tu conciencia a ideas nuevas sobre el dinero y será tuyo.

Si quieres tener más dinero y prosperidad en tu vida, repite estas afirmaciones con sentimiento:

*Soy un imán para el dinero. Todo tipo de prosperidad se siente atraída hacia mí.*

*Soy una persona valorada y bien remunerada en mi trabajo.*

*Vivo en un universo de amor, abundancia y armonía, y doy gracias por ello.*

*Estoy abierto a la prosperidad ilimitada que está por todas partes.*

*La ley de la atracción sólo me trae cosas buenas. Cambio mis pensamientos de pobreza por pensamientos de abundancia y mi economía refleja este cambio.*

*Me llegan cosas buenas de todas partes y de todas las personas.*

*Estoy agradecido por todas las cosas buenas de mi vida. Cada día me aporta sorpresas maravillosas.*

*Pago mis facturas con amor y me alegro de poder escribir cada uno de mis cheques. La abundancia fluye libremente a través de mí.*

*Me merezco lo mejor y lo acepto ahora.*

*Me libero de todas mis resistencias al dinero y permito que fluya alegremente en mi vida. Me llegan cosas buenas de todas partes y de todas las personas.*

# Vive tu actitud de gratitud

*Hoy lo dedicarás a darle las gracias a la vida
por todos los regalos que te hace y aprenderás
a vivir todos los días con una actitud de gratitud.*

¿Sabías que la prosperidad y la gratitud son inseparables? Siempre doy las gracias por sentirme unida y respaldada por la Sabiduría y el Poder Universales. He observado que al Universo le gusta la gratitud. Cuanto más agradecido eres, más cosas buenas recibes. Al decir cosas buenas, no me estoy refiriendo sólo a cosas materiales. Me refiero a todas las personas, los lugares y experiencias que hacen que la vida valga tanto la pena vivirla.

¿Sabes lo bien que te sientes cuando tu vida se llena de amor, alegría, salud y creatividad, y además se te ponen los semáforos en verde y encuentras aparcamiento? Así es como se supone que hemos de vivir y como podría ser nuestra vida si fuéramos agradecidos. El Universo es generoso, un dador de abundancia, y le gusta que lo reconozcamos.

¿Cómo te sientes cuando le haces un regalo a un amigo? Si la persona lo mira y frunce el entrecejo o dice: «No es mi estilo» o «Nunca llevaría una cosa así», se te quitarán las ganas de volver a hacerle un regalo a esa persona. Pero si sus ojos brillan de entusiasmo, está complacida y agradecida, cada vez que veas algo que sabes que le gusta querrás regalárselo.

Hace ya mucho tiempo que acepto todos los cumplidos y regalos con este pensamiento: *Acepto esto con alegría, placer y gratitud.* ¡Me he dado cuenta de que al Universo le encanta este pensamiento y siempre estoy recibiendo regalos extraordinarios!

Siéntete agradecido desde el momento en que te levantas por la mañana. Si empiezas el día diciendo: «Gracias cama, por la buena noche de descanso que me has proporcionado», con este comienzo es fácil pensar muchas otras cosas por las que estar agradecido. Cuando me he levantado de la cama, probablemente he manifestado mi agradecimiento a 80 o 100 personas, lugares, cosas y experiencias diferentes en mi vida.

Por la noche, justo antes de irme a dormir, reviso mi día, lo bendigo y doy las gracias por todas las experiencias que he tenido, hasta las más difíciles. Si crees que has cometido un error o tomado una mala decisión, perdónate.

Da las gracias por todas las lecciones que has aprendido, incluso las dolorosas. Son pequeños tesoros que te han regalado. A medida que vayas aprendiendo de ellos tu vida irá cambiando para mejor. Alégrate cuando descubras un aspecto oscuro de ti. Esto significa que estás preparado para dejar atrás algo que te ha estado bloqueando. En ese momento puedes decir: *Gracias por mostrarme esto, así puedo sanarlo y seguir creciendo.*

Hoy y todos los días dedica todos los momentos que puedas a dar las gracias por todas las cosas buenas de la vida. Si en estos momentos no te pasan demasiadas cosas buenas, esto mejorará. Si en tu vida reina la abundancia, también mejorará. Es una situación en la que no puedes perder. Eres feliz y el Universo es feliz. Esta actitud de gratitud aumenta con tu abundancia.

Hoy, cuando te relaciones con otras personas, diles lo agradecido que estás por lo que han hecho. Díselo a los funcionarios, camareros, trabajadores de correos, empresarios, empleados, amigos, familiares y a personas desconocidas. ¡Contribuyamos a hacer que éste sea un mundo en el que todos demos y recibamos con agradecimiento!

Afirma: *Doy a la vida con alegría y la vida me lo devuelve con la misma alegría.*

### Ejercicio del trabajo del espejo para el día 19

1.   Repite estas afirmaciones al despertarte por la mañana y abrir los ojos: *Buenos días, cama. Estoy muy agradecido por la calidez y comodidad que me has dado. Querido [nombre], el día de hoy será una bendición. Todo está bien.*

2. Dedica unos cuantos minutos más a relajarte en tu cama y a pensar en todas las cosas por las que puedes estar agradecido.

3. Cuando estés listo para levantarte, ve al espejo del cuarto de baño. Mírate fijamente a los ojos con dulzura. Enumera todas las cosas por las que puedes estar agradecido. Dilas como afirmaciones: *Estoy agradecido por mi bella sonrisa. Estoy agradecido por sentirme perfectamente sano hoy. Estoy agradecido por tener un trabajo al que puedo ir hoy. Estoy agradecido por los amigos con los que voy a quedar hoy.*

4. Hoy, cada vez que pases por delante de un espejo, detente y di una afirmación por algo por lo que estés agradecido en ese momento.

## El poder está dentro de ti:
## Tu ejercicio del diario para el día 19

1. Fomenta todos los días tu actitud de gratitud: empieza a escribir un diario de gratitud. Escribe al menos una cosa por la que puedas estar agradecido. Escribe una afirmación para cada cosa por la que estás agradecido para utilizarla en tu trabajo del espejo.

2. Lee historias inspiradoras sobre el poder de la gratitud. (Mi libro *Gratitud: Dar las gracias por lo que tienes transformará tu vida*, tiene contribuciones de 48 de las personas más inspiradoras que conozco y también puedes encontrar historias en *An Attitude of Gratitude: 21 Life Lessons*, de Keith D. Harrell.) Escribe una historia de gratitud inspiradora de tu propia experiencia o de alguien que conozcas.

## Tu pensamiento del corazón para el día 19:
### *Doy y recibo regalos con amabilidad*

En lo más profundo de mi ser hay una fuente inagotable de gratitud. Ahora dejo que mi gratitud inunde mi corazón, mi cuerpo, mi mente, mi conciencia y mi propio ser. Irradio esta gratitud en todas direcciones y ésta alcanza todo aquello que forma parte de mi mundo y vuelve a mí dándome más razones para estar agradecido. Cuanta más gratitud siento, más consciente soy de que es una fuente inagotable.

El reconocimiento y la aceptación son como poderosos imanes que atraen milagros en cada instante del día. Los cumplidos son dones de prosperidad. He aprendido a aceptarlos con amabilidad si alguien me los hace, le sonrío y le digo «Gracias».

El día de hoy es un regalo sagrado de la vida. Abro mis brazos de par en par para recibir toda la prosperidad que me ofrece el Universo. Estoy receptivo las veinticuatro horas del día.

El Universo me apoya de todas las maneras posibles. Vivo en un Universo de amor, abundancia y armonía y doy las gracias. No obstante, hay momentos en la vida en los que el Universo nos da pero no estamos en situación de poder devolver nada. Recuerdo que hubo muchas personas que me ayudaron enormemente, en momentos en que jamás hubiera podido compensarlas. Más adelante, sin embargo, pude ayudar a los demás, y ésta es la dinámica de la vida. Me relajo y disfruto de la abundancia y de la gratitud de las que gozo en el presente.

### Tu meditación para el día 19: Se ha hecho la luz
#### *(día 19 de la descarga del audio)*

Éste es un ejercicio para dos personas, por lo que tendrás que invitar a un amigo o pariente para que lo haga contigo.

Siéntate frente a frente con esa persona. Cogeos de las manos y miraos fijamente a los ojos. Respira profundo y deja ir todos tus temores. Vuelve a respirar profundo, libera todas tus críticas y ahora permítete estar con esa persona sin interferencias.

Lo que ves en ella es un reflejo de ti, una proyección de lo que hay en tu interior. Todos somos uno. Respiramos el mismo aire. Bebemos la misma agua. Comemos los alimentos que proceden de la tierra. Tenemos los mismos deseos y necesidades. Todos compartimos deseos y necesidades. Todos queremos estar sanos. Todos queremos amar y ser amados. Todos queremos vivir cómoda y tranquilamente. Todos queremos prosperar. Todos queremos vivir satisfechos.

Mira a la persona que has elegido con amor y ábrete a recibir su amor. Recuerda que estás a salvo. Afirma que esa persona tenga una salud perfecta. Afirma que tenga buenas relaciones para que siempre esté rodeada de buenas personas. Afirma la prosperidad para que pueda vivir cómodamente. Afirma comodidad y seguridad para esa persona. Afirma todo esto siendo consciente de que todo lo que das vuelve a ti multiplicado, afirma lo mejor de todo para ella. Se lo merece. Visualiza a esa persona dispuesta a aceptarlo. ¡Y así es!

# Enseña el trabajo del espejo a los niños

*Los niños también sufren el estrés de la vida.*
*Hoy aprenderás a practicar el trabajo del espejo*
*con los más pequeños y serás testigo de los milagros.*

Estás a punto de finalizar este curso y lo estás haciendo de maravilla. ¡Aplaudo tu compromiso y tu dedicación! Cada día que haces el ejercicio del trabajo del espejo te estás haciendo un regalo de amor. Cada día que lo practicas, estás dejando atrás antiguas creencias negativas que has estado acarreando durante mucho tiempo ¿De dónde proceden estas creencias negativas? Las aceptamos cuando éramos pequeños. Entonces absorbíamos todo lo que nos decían. Cuanto más oíamos a nuestros padres u otros adultos decir cosas negativas sobre nosotros, más nos las creíamos.

Cuando éramos pequeños solíamos decirnos cosas horrendas y menospreciarnos los unos a los otros. Pero

¿por qué lo hacíamos? ¿Dónde aprendimos esa conducta? A muchos de nosotros nuestros padres o maestros nos llamaron estúpidos, bobos o perezosos, nos dijeron que causábamos problemas o que no éramos lo bastante buenos. A lo mejor nos avergonzamos al escuchar esas opiniones, pero nos las creímos. Poco podíamos imaginar lo nocivas que iban a ser estas creencias o hasta qué extremo quedarían arraigados en nosotros el sufrimiento y la vergüenza que nos iban a ocasionar.

Revisa algunas de las lecciones más difíciles de este curso, aquellas en las que descubriste ideas que te estaban bloqueando. Cuando hiciste el trabajo del espejo y la práctica del diario, ¿descubriste que esas creencias muchas veces procedían de heridas de la infancia?

En la escuela no me enseñaron el efecto que tendrían mis palabras en mi vida. Nadie me enseñó que mis pensamientos eran creativos, que, literalmente, podían dar forma a mi destino o que lo que yo dijera verbalmente regresaría a mí a través de mis experiencias. Nadie me dijo nunca que merecía que me amasen o que me sucedieran cosas buenas. Por supuesto, tampoco nadie me dijo que la vida estaba para apoyarme.

Ahora podemos cambiar todo eso para nuestros hijos. Una de las cosas más importantes que podemos hacer por ellos es recordarles la verdad básica de que son encantadores. Nuestro papel como padres no es ser perfectos, hacerlo todo bien, sino ser cariñosos y amables.

Los niños hoy en día tienen muchas más cosas que afrontar que cuando nosotros teníamos su edad. Están sometidos al asedio constante de las noticias sobre la crisis mundial y continuamente se ven obligados a tomar decisiones complicadas. La forma en que los niños manejan estos retos es un reflejo directo de cómo se sienten realmente respecto a sí mismos. Cuanto más se amen y se respeten, más fácil les resultará tomar las decisiones correctas en su vida.

Es importante que inculquemos a nuestros hijos el sentido de independencia, de poder y que sepan que pueden marcar la diferencia en el mundo actual. Pero por encima de todo, es esencial que les enseñemos a amarse a sí mismos y a que sepan que son lo bastante buenos hagan lo que hagan.

Los más jóvenes nos están mirando y escuchan todo lo que decimos. Sé un buen ejemplo de frases y afirmaciones positivas. Cuando tú empieces a creértelas, también lo harán tus hijos.

Educa a los niños que hay en tu vida, del mismo modo que tú estás aprendiendo a educarte a ti mismo. Recuerda: nadie tiene el niño o la niña «perfectos» ní el padre o la madre «perfectos». Estamos destinados a tomar malas decisiones un día u otro. Eso simplemente forma parte del aprendizaje y del proceso de crecer. Lo que importa es que ames incondicionalmente a tu hijo y, ante todo, que te ames *a ti mismo* incondicionalmente. Ahora observa cómo se producen los milagros para tus hijos y para ti.

Afirma: *Puedo ser lo que me proponga. Puedo hacer lo que me proponga. La vida está de mi parte.*

## Ejercicio del trabajo del espejo para el día 20

1. Me gustaría que vieras un vídeo de una niña encantadora repitiendo sus afirmaciones. Se llama «Jessica's Daily Affirmation» y puedes verlo en www.youtube.com/watch?v=qR3rK0kZFkg.

2. Mira este vídeo con tu hijo o cualquier niño que forme parte de tu vida, incluso con tu niño o niña interior.

3. Pídele a tu niño/a que repita sus propias afirmaciones diarias como hizo Jessica en el vídeo. Pregúntale qué es lo que le hace feliz y pídele que lo cuente delante del espejo.

4. Puedes empezar este ejercicio haciendo tu propio trabajo del espejo e invitando a tu niño/a a que lo haga contigo. Repite afirmaciones sencillas como: Te amo. Lo amo todo de ti. ¡Soy increíble! ¡Soy una persona hermosa! ¡Tengo un pelo muy bonito! ¡Puedo bailar como una estrella de la televisión!

5. Resérvate un rato cada día para hacer el trabajo del espejo con tu niño, aunque sea sólo unos minutos por la mañana.

## El poder está dentro de ti:
## Tu ejercicio del diario para el día 20

1.  Hoy empezarás tu ejercicio del diario leyendo una historia de mi libro *The Adventures of Lulu*. Puedes acceder a él visitando mi web www.louisehay.com/learning-mirror-work.

2.  Ten a mano papel para dibujar, lápices de colores, lápices de cera o rotuladores de colores y pegamento. Pídele a tu niño o niña que dibuje un Espejo Mágico al que poder recurrir, como hace Lulú en el libro. Anímale a que decore el espejo: puede pegar fotos o dibujos bonitos a su alrededor, que añada cosas brillantes y chispas al marco, y que deje volar su imaginación con los colores.

3.  Haced turnos para miraros cada uno en el Espejo Mágico y decir cosas bonitas sobre vosotros.

4.  Escribe las frases positivas que estáis diciendo para que podáis repetirlas por la mañana cuando hagáis juntos el trabajo del espejo.

## Tu pensamiento del corazón para el día 20:
### *Me comunico abiertamente*
### *con mis hijos o con los niños*

Es de suma importancia mantener abiertas las líneas de comunicación con los niños, especialmente cuando son adolescentes. Muchas veces a los niños se les dicen cosas como: *No digas eso. No hagas eso. No sientas eso. No seas así. No expreses eso.* Cuando lo único que oyen es «no, no, no», dejan de comunicarse.

Más adelante, cuando se vuelven adultos, los padres se quejan de que nunca les llaman. ¿Por qué no llaman? Porque hace mucho que las líneas de comunicación quedaron cortadas, por eso.

Cuando te abres con tus hijos (utilizando frases positivas como «Es normal estar triste» y «Puedes hablarme de ello») y les animas a compartir sus sentimientos, las líneas de comunicación vuelven a funcionar.


## Tu meditación para el día 20: Bienvenido pequeño/a
### *(día 20 de la descarga del audio)*

Coloca una mano sobre tu corazón. Cierra los ojos. Permítete *ver* no sólo a tu niño interior, sino *ser* ese niño. Pídele a alguien que te lea el siguiente párrafo. Imagina que estás escuchando a tus padres y que te están diciendo:

*Estamos muy contentos de que hayas venido. Hemos estado esperándote. Deseábamos con todas nuestras fuerzas que formaras parte de nuestra familia. Eres muy importante para nosotros. Esta familia no sería lo mismo sin ti. Te queremos. Queremos que estés con nosotros. Queremos ayudarte a crecer y que seas todo lo que puedes llegar a ser. No tienes que ser como nosotros. Puedes ser tú mismo. Nos encanta que seas tan especial. Eres muy hermoso. Eres brillante. Eres muy creativo. Estamos encantados de tenerte con nosotros. Te damos las gracias por haber elegido a nuestra familia. Sabemos que estás bendecido y tú nos has bendecido con tu llegada. Te amamos. Te amamos de todo corazón.*

Deja que tu niño interior haga realidad estas palabras. Recuerda que cada día puedes mirarte al espejo y repetir este párrafo. Puedes decirte todas las cosas que te hubiera gustado que te dijeran tus padres. Tu niño interior necesita sentirse querido y deseado. Dale lo que necesita.

No importa tu edad, ni si tu niño interior está enfermo o asustado: necesita sentirse querido y deseado. Sigue diciéndole a tu niño interior: «Te deseo y te amo». Ésa es tu verdad. El Universo te quiere aquí. Y por eso estás aquí. Siempre has sido amado y siempre te amarán. Puedes ser feliz por siempre jamás. ¡Y así es!

# Ámate
# a ti mismo ahora

*A través del trabajo del espejo descubres*
*que eres perfecto tal como eres y que amarte*
*a ti mismo puede curar todos los problemas.*

¡Felicidades, queridos míos! Éste es el último día de la aventura del trabajo del espejo. Este trabajo os ha acercado a descubrir uno de los grandes tesoros de vuestra vida: el don de amarse a uno mismo.

No ha sido un viaje fácil, lo sé. Habrás encontrado más de un bache y tropezado con más de un obstáculo por el camino, pero has seguido hasta el final. ¡Estoy muy orgullosa de ti!

En el transcurso de este viaje, has estado utilizando el trabajo del espejo para que te ayudara a revisar tu monólogo interior, acallar a tu crítico interno, perdonar a quienes te han herido, dejar atrás los miedos del pasado y liberarte de antiguas creencias y patrones de pensamiento negativos. Con ello has accedido a la mina de valiosos tesoros que hay en tu interior.

Deseo que recuerdes siempre que hay algo que cura todos los problemas y es *amarte a ti mismo*. Cuando empieces a amarte más cada día, te sorprenderás al ver cómo mejora tu vida. Te sentirás mejor. Conseguirás el trabajo que deseas. Tendrás el dinero que necesitas. Mejorarán tus relaciones, y las negativas desaparecerán y serán sustituidas por otras nuevas.

Aunque ya has completado este curso, el trabajo del espejo es sólo el principio. Es algo que has de practicar todos los días. Es muy probable que en el trayecto encuentres baches y algún que otro desvío. Pero estarás preparado para afrontarlo. Podrás sobreponerte, te mirarás en el espejo y te recordarás que mereces amarte. Eres perfecto tal como eres. Te mereces todo lo bueno que puede ofrecerte la vida. Eres un imán para los milagros.

Lleva encima un espejito. Recuerda a la persona maravillosa que te está mirando que la amas con todo tu corazón.

Afirma: *Cuando expreso mi amor hacia mí mismo y hacia todas las personas con las que me relaciono, ¡ese amor vuelve directamente a mí!*

En mi Epílogo (página **177**), te dejo con la lista de las 12 maneras de amarte a ti mismo. Espero que te sirvan de recordatorio del buen trabajo que has hecho durante estas tres semanas. Y recuerda: ¡Te quiero!

## Ejercicio del Trabajo del Espejo para el día 21

1. Ve al espejo y mira a la persona maravillosa que te está mirando. Levanta los brazos y date una gran ovación por haber terminado este curso. Repite estas afirmaciones: *Te amo, cariño. Te amo de todo corazón. ¡Lo has conseguido! Has completado este curso. Estoy muy orgulloso de ti. Puedes hacer lo que te propongas.*

2. Tómate tu tiempo para expresar tu gratitud por todo el trabajo que has realizado. Repite estas afirmaciones: *Gracias por estar ahí. Gracias por estar abierto a aprender algo nuevo. Te amo de todo corazón.*

3. Comprométete a seguir practicando el juego del espejo. Di: *Te veo mañana, belleza. Trataremos otras áreas que me gustaría cambiar. Te quiero. Mereces que te amen. Te mereces lo mejor.*

## El poder está dentro de ti:
## Tu ejercicio del diario para el día 21

1. Revisa tu diario desde el principio del curso. Revisa cada lección y felicítate por todo el trabajo que has hecho.

2. Anota cuáles son las áreas en las que más progresos has hecho. Anota algunas de las áreas problemáticas que podrías seguir trabajando.

3. Vuelve atrás y repite las lecciones en las que notaste que necesitabas más ayuda de tu espejo.

4. Si quieres, puedes compartir tus comentarios sobre este curso en mi página de Facebook www.facebook.com/louiselhay.

5. ¡Ahora sal a jugar con tu niño interior!

**Tu pensamiento del corazón para el día 21:**
*Todos formamos parte de una totalidad armoniosa*

Recuerda: formas parte de una comunidad de personas de todo el planeta que están trabajando para hacer que el mundo sea mejor. Hemos venido en esta época porque hemos de aprender los unos de los otros. Es seguro aprender a amarnos a nosotros mismos, así podremos beneficiarnos y crecer con esta experiencia. Elegimos trabajar juntos para crear armonía en nuestras relaciones y en todas las áreas de nuestra vida.

La acción divina correcta nos guía en todo momento. Decimos las palabras correctas en el momento oportuno, a lo cual siempre sigue la acción correcta. Cada persona forma parte de una totalidad armoniosa.

Cuando trabajamos juntos con alegría se produce una mezcla de energías divinas que nos apoyan y animan de formas productivas y satisfactorias. Estamos sanos, somos felices, amables, alegres, respetuosos, solidarios y estamos en paz con nosotros mismos y con los demás. ¡Qué así sea y así es!

### Tu meditación para el día 21: Un mundo seguro (*día 21 de la descarga del audio*)

Hemos tratado muchos temas en estos 21 días. Hemos hablado de cosas negativas y positivas, de nuestros miedos y frustraciones. Muchas personas todavía no tienen la suficiente confianza en sí mismas para cuidarse y se sienten solas y perdidas. Sin embargo, este tiempo en que hemos estado trabajando en nosotros mismos nos hemos dado cuenta de que nuestra vida está cambiando. Muchos de los problemas del pasado han dejado de serlo. Las situaciones no cambian de la noche a la mañana, pero si perseveramos y somos coherentes, nos *sucederán* cosas positivas. Compartamos nuestra energía y nuestro amor con los demás. Recuerda que cuando das desde el corazón, también recibes desde otros corazones.

Abramos nuestro corazón para que pueda acoger a todas las personas con amor, comprensión e interés. Extendamos ese amor a las personas que viven en la calle y que no tienen donde ir. Compartamos nuestro amor con quienes están enfadados, asustados o sufren. Enviemos amor a las personas que están en proceso de abandonar el planeta y a aquellas que ya lo han hecho.

Comparte tu amor con todo el mundo, tanto si lo aceptan como si no. Contén al planeta entero en tu corazón: animales, vegetación y seres humanos. Las personas con las que estamos enfadadas o que nos han frustrado. Las que no hacen las cosas a nuestra manera. Y las que, según nosotros, obran mal, incluyámoslas también en nuestro corazón, para que al sentirse seguras puedan empezar a reconocer su verdadera identidad.

Visualiza que la paz inunda todo el planeta. Ten la certeza de que en este momento estás contribuyendo a esa paz. Alégrate de tener la capacidad para hacer algo positivo y útil. Reconoce lo maravilloso que eres. Sé consciente de que ésta es tu verdad. ¡Y así es!

# Epílogo

Me alegro mucho de haber podido compartir contigo, querido/a lector/a, el trabajo del espejo, que tanto me ha ayudado en mi vida. Espero que también lo encuentres útil para ayudarte a crecer y a cuidar de ti mismo.

Para terminar voy a mostrarte 12 formas en las que puedes amarte ahora y siempre. Espero que te sirvan de recordatorio de lo que has aprendido en estas tres semanas y que siempre te sirvan de guía para vivir con alegría y plenitud.

Nunca olvides esto: ¡Te amo!

Louise Hay

# 12 formas
# de amarte a ti mismo
# ahora y siempre

1. **Deja de criticar**

   Las críticas nunca cambian nada. No te critiques.
   Acéptate tal como eres. Todo el mundo cambia.
   Cuando te criticas, tus cambios son negativos.
   Cuando te apruebas, tus cambios son positivos.

2. **Perdónate**

   Deja atrás el pasado. En aquel tiempo hiciste las
   cosas lo mejor que supiste, con la comprensión, la
   conciencia y el conocimiento que tenías entonces.
   Ahora estás creciendo y cambiando, por
   consiguiente, vivirás de un modo distinto.

3. **No te asustes a ti mismo**

   Deja de aterrorizarte con tus propios
   pensamientos. Es una forma de vida terrible.
   Busca una imagen mental que te haga feliz y
   cambia inmediatamente el pensamiento que te
   asusta por el pensamiento o imagen agradable.

4. **Sé delicado, amable y paciente**

   Sé delicado, amable y paciente contigo mismo mientras aprendes nuevas maneras de pensar. Trátate como tratarías a cualquier persona que amaras sinceramente.

5. **Sé amable con tu mente**

   Odiarse a ti mismo es odiar tus propios pensamientos. No te odies por *tener* esos pensamientos. Cámbialos con delicadeza por afirmaciones a favor de la vida.

6. **Alábate**

   Las críticas quebrantan tu espíritu interior. Las alabanzas lo fortalecen. Alábate todo lo que puedas. Recuérdate lo bien que lo estás haciendo.

7. **Respáldate a ti mismo**

   Encuentra formas de respaldarte a ti mismo. Recurre a tus amigos y deja que te ayuden. Pedir ayuda cuando la necesitas es un signo de fortaleza.

8. **Sé cariñoso con tus aspectos negativos**

   Reconoce que has sido tú quien los has creado para cubrir una necesidad. Ahora encuentras nuevas formas más positivas de cubrir esas necesidades. Abandona tus antiguos patrones negativos.

9. **Cuida tu cuerpo**
   Estudia nutrición. ¿Qué tipo de combustible necesita tu cuerpo para gozar de la máxima energía y vitalidad? Infórmate sobre hacer ejercicio. ¿Con qué tipo de ejercicio disfrutas? Cuida y respeta el templo en el que vives.

10. **¡Diviértete!**
    Recuerda lo que te hacía feliz de pequeño e incorpóralo ahora en tu vida. Busca la forma de divertirte con todo lo que haces. Expresa el gozo de vivir. Sonríe. Ríe. ¡Regocíjate, y el Universo se regocijará contigo!

11. **Ámate a ti mismo... Hazlo ya**
    No esperes a estar bien, a adelgazar, a conseguir un trabajo nuevo o una nueva relación. Sé cariñoso contigo mismo y hazlo lo mejor que puedas ahora.

12. **Haz tu trabajo del espejo**
    Mírate a los ojos a menudo. Expresa el amor creciente que sientes hacia ti mismo. Perdónate cuando te mires al espejo. Habla con tus padres mirándote al espejo. Perdónales también a ellos. Al menos una vez.

# Sobre la autora

**Louise Hay** es una oradora y maestra metafísica que lleva inspirando a millones de personas desde la publicación, en 1984, del superventas *Usted puede sanar su vida*, del que ha vendido más de 40 millones de copias en todo el mundo. Louise, famosa por demostrar el poder de las afirmaciones para conseguir cambios positivos, ha escrito más de 30 libros para adultos y niños, incluidos los superventas *El poder está dentro de ti* y *Sana tu cuerpo*. En sus libros *La vida te ama* y *Las cartas de la vida te aman*, ambos con autoría compartida con Robert Holden, explora el significado más profundo y las aplicaciones prácticas de sus afirmaciones clásicas. Además de sus libros, también ha editado numerosos programas en CD y DVD, juegos de cartas, cursos *online* y otros recursos para una vida sana, feliz y plena.

www.louisehay.com

# Notas

_____

_____

_____

_____

_____

_____

_____

_____

_____

_____

_____

_____

_____

_____

# ECOSISTEMA DIGITAL